独学でしっかり身につく

1人でわかる！韓国語

パク・ミソ
オヌルド韓国語

あさ出版

はじめに

アンニョンハセヨ。

「オヌルド韓国語」というYouTubeチャンネルで、ネイティブがよく使う韓国語について発信している、パク・ミソと申します。

私はこれまで、YouTubeだけでなくオンラインや対面でも多くの日本の方々に韓国語を教えてきました。

近年、日本では、韓国ドラマやK-POP、韓国料理、韓国コスメ、また、韓国旅行もとても人気で、韓国語を勉強する方が昔よりぐんと増えました。

理由や目的は様々かもしれませんが、皆さんも韓国語に興味を持ち、韓国語を身につけたいという思いから、この本を手にされたことでしょう。

言語は、単なる意思疎通の手段であるだけでなく、その言語を使う国の文化や人々の考え方も表します。そのため、話せる言語が１つ増えると、新しい世界への扉も１つ開かれます。

ハングルが読めるようになって、韓国語が話せたり、聞き取れたりするようになると、その分、交流できる人や習得できる情報も多くなります。きっと、皆さんが経験できる世界も広がるはずです。

韓国語に興味を持ってくださった皆さんの新しい世界への扉を開く手助けをできたらと思い、この本を執筆しました。

この本は、韓国語にまったく触れたことがない超初心者の方から、ハングルの文字は読めるけど、まだ話したり書いたり聞き取ったりすることはできないという初心者の方のための本です。

ゼロから韓国語の勉強を始めようとしている方が、ハングル（韓国語の文字）の読み書きから、簡単な文章をつくれるようになるまでを目指しました。

家で１人でも学ぶことができるよう、わかりやすくまとめましたので、この本でぜひ、韓国語の基礎をしっかり身につけていただけたらと思います。

それではさっそく、勉強を始めましょう。

韓国語を身につけ、新しい世界を開くために、
「オヌルド（今日も）韓国語！」

パク・ミソ（オヌルド韓国語）

本書の特長

基礎編と応用編に分かれています

語学の勉強は基礎がとても大事です。そのため、まず基礎をしっかり学べるよう、本書は初心者向けの内容をさらに、基礎編と応用編に分けて構成しました。

基礎編だけを学んでも最低限の文章はつくれるように構成されていますが、基礎編の内容がしっかり身についたら、ぜひ応用編にもチャレンジしてみてください。より豊富な表現を身につけることができます！

"work（練習問題）"を解くことで内容がよりしっかり身につきます

教材を読んで、「よし！　理解したぞ！」と思っても、いざ文章をつくったり話そうとしたりすると、パッと出てこないことがあります。

インプットを続けるだけでは、勉強したものが完全に自分のものになっているかどうかはわかりません。

そこで本書では、随所に"work（練習問題）"を盛り込みました。

workに挑戦することで、学んだ内容をきちんと理解しているか、実はしていないのかを知ることができます。workを解くことは復習にもなりますので、必ず解きながら読み進めてくださいね。

※workはすべて、そのページにたどり着くまでに学んだことが出てきます！

ネイティブが会話でよく使う表現がたくさん出てきます

本書では基本に忠実でありながらも、会話で違和感のない表現を中心に紹介しています。文法の勉強が会話の練習にもつながるように構成しましたので、本書に出てくる単語や表現、会話文は、ぜひ積極的に覚えましょう。

ネイティブな発音が身につくよう、フリガナはあえてつけていません

初心者向けの教材では、ハングルにカタカナやアルファベットのフリガナがついていることがありますが、やはりカタカナやアルファベットで正確な音を表現するのには無理があります。

そこで本書では、フリガナをあえてつけていません。

その代わり、音声で発音が確認できるよう、音声データを準備しました。勉強を進めながら、🔈 0-0 マークがある箇所は、必ず音声も確認するようにしましょう。

音声データのダウンロードはこちらから！

右のQRコードをスマートフォンなどから読み取ってダウンロードするか、下記URLにアクセスしてダウンロードしてください。

http://special.asa21.com/special/hitoridekankokugo/

Chapter 2
用言

Chapter 3
時制

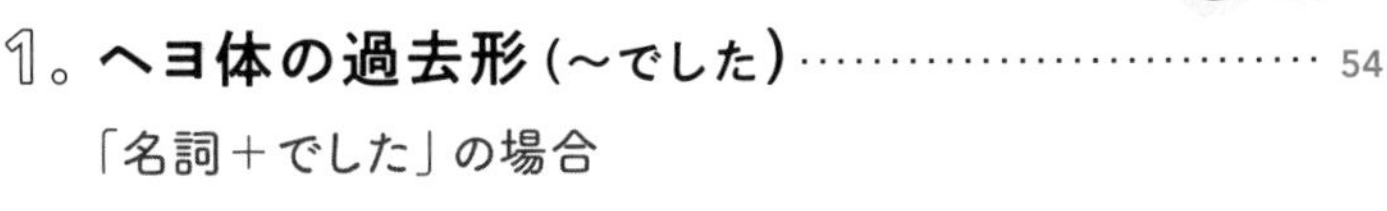

Chapter 4
名詞と助詞

Chapter 5
数字

応用編

Chapter 6
ヘヨ体の否定、可能・不可能と変則活用

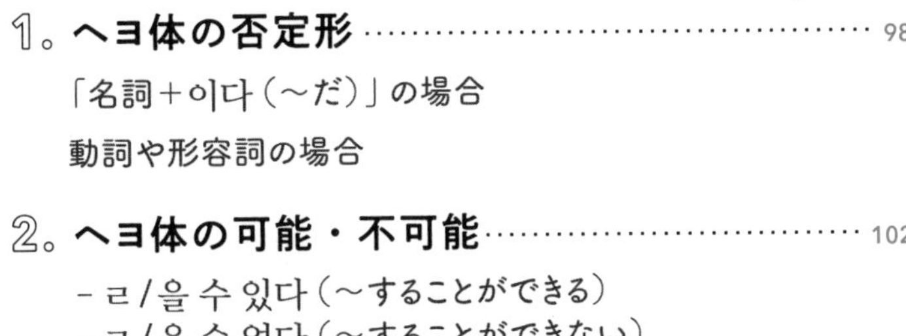

Chapter 7
接続詞と連結語尾

Chapter 8
日常会話でよく使う表現

Chapter 9
連体形

Chapter 10
発音規則

本文デザイン／梅里珠美（北路社）
本文DTP／有限会社P.WORD
校正／株式会社アル
本文イラスト／パク・ミソ

ハングル一覧表

	ㅏ	ㅑ	ㅓ	ㅕ	ㅗ	ㅛ	ㅜ	ㅠ	ㅡ	ㅣ
ㄱ	가	갸	거	겨	고	교	구	규	그	기
ㄴ	나	냐	너	녀	노	뇨	누	뉴	느	니
ㄷ	다	댜	더	뎌	도	됴	두	듀	드	디
ㄹ	라	랴	러	려	로	료	루	류	르	리
ㅁ	마	먀	머	며	모	묘	무	뮤	므	미
ㅂ	바	뱌	버	벼	보	뵤	부	뷰	브	비
ㅅ	사	샤	서	셔	소	쇼	수	슈	스	시
ㅇ	아	야	어	여	오	요	우	유	으	이
ㅈ	자	쟈	저	져	조	죠	주	쥬	즈	지
ㅊ	차	챠	처	쳐	초	쵸	추	츄	츠	치
ㅋ	카	캬	커	켜	코	쿄	쿠	큐	크	키
ㅌ	타	탸	터	텨	토	툐	투	튜	트	티
ㅍ	파	퍄	퍼	펴	포	표	푸	퓨	프	피
ㅎ	하	햐	허	혀	호	효	후	휴	흐	히
ㄲ	까	꺄	꺼	껴	꼬	꾜	꾸	뀨	끄	끼
ㄸ	따	땨	떠	뗘	또	뚀	뚜	뜌	뜨	띠
ㅃ	빠	뺘	뻐	뼈	뽀	뾰	뿌	쀼	쁘	삐
ㅆ	싸	쌰	써	쎠	쏘	쑈	쑤	쓔	쓰	씨
ㅉ	짜	쨔	쩌	쪄	쪼	쬬	쭈	쮸	쯔	찌

	ㅐ	ㅒ	ㅔ	ㅖ	ㅘ	ㅙ	ㅚ	ㅝ	ㅞ	ㅟ	ㅢ
ㄱ	개	걔	게	계	과	괘	괴	궈	궤	귀	긔
ㄴ	내	냬	네	녜	놔	놰	뇌	눠	눼	뉘	늬
ㄷ	대	댸	데	뎨	돠	돼	되	둬	뒈	뒤	듸
ㄹ	래	럐	레	례	롸	뢔	뢰	뤄	뤠	뤼	릐
ㅁ	매	먜	메	몌	뫄	뫠	뫼	뭐	뭬	뮈	믜
ㅂ	배	뱨	베	볘	봐	봬	뵈	붜	붸	뷔	븨
ㅅ	새	섀	세	셰	솨	쇄	쇠	숴	쉐	쉬	싀
ㅇ	애	얘	에	예	와	왜	외	워	웨	위	의
ㅈ	재	쟤	제	졔	좌	좨	죄	줘	줴	쥐	즤
ㅊ	채	챼	체	쳬	촤	쵀	최	춰	췌	취	츼
ㅋ	캐	컈	케	켸	콰	쾌	쾨	쿼	퀘	퀴	킈
ㅌ	태	턔	테	톄	톼	퇘	퇴	퉈	퉤	튀	틔
ㅍ	패	퍠	페	폐	퐈	퐤	푀	풔	풰	퓌	픠
ㅎ	해	햬	헤	혜	화	홰	회	훠	훼	휘	희
ㄲ	깨	꺠	께	꼐	꽈	꽤	꾀	꿔	꿰	뀌	끠
ㄸ	때	떄	떼	뗴	똬	뙈	뙤	뚸	뛔	뛰	띄
ㅃ	빼	뺴	뻬	뼤	뽜	뽸	뾔	뿨	쀄	쀠	쁴
ㅆ	쌔	썌	쎄	쎼	쏴	쐐	쐬	쒀	쒜	쒸	씌
ㅉ	째	쨰	쩨	쪠	쫘	쫴	쬐	쭤	쮀	쮜	쯰

※ ［網掛け］は、文字自体は存在しますが日常生活で使われることは、ほとんどありません。

基礎編

Chapter 1

ハングルを マスターしよう!

Chapter 1 では、韓国語の文字であるハングルの仕組みや書き方、発音について勉強します。

最初は文字が記号のように見えるかもしれませんが、子音と母音それぞれの音さえ覚えればすぐ読めるようになります。

1つひとつ、勉強していきましょう!

1 ハングルって何？

ハングルは韓国語の文字のこと

ハングルは、韓国語を表記するための文字のことです。

母音21個と子音19個があり、それぞれを組み合わせることで1つの文字になります。

日本語のひらがなやカタカナのようにすべての文字を暗記しなくても、ハングルは母音と子音を覚えれば表記・発音することができます。

母音と子音の組み合わせパターンは6種類

ハングルの形は、右の図のように計6パターンあります。

①②③は「子音＋母音」の組み合わせ、④⑤⑥は「子音＋母音＋子音」の組み合わせです。

④⑤⑥の2つ目の子音は「パッチム」と言い、その文字の最後の音を表します。日本語は「ん」以外はすべて発音が母音で終わりますが、韓国語には発音が子音で終わる文字があります。

例　봄［pom］（春）⇒ ㅂ［p］＋ ㅗ［o］＋ ㅁ［m］
（子音）（母音）（子音）

ハングルの組み合わせパターン

①

나

ㄴ＋ㅏ＝나(私)
〔n〕＋〔a〕＝〔na〕

②

ㅇ ＋ ㅙ ＝ 왜(なぜ)
〔無音〕＋〔wae〕＝〔wae〕

③

ㅍ＋ㅛ＝표(チケット)
〔p〕＋〔yo〕＝〔pyo〕

④

子音 母音
パッチム(子音)

ㅈ＋ㅣ＋ㅂ＝집(家)
〔j〕＋〔i〕＋〔p〕＝〔jip〕

⑤

子音
母音
パッチム(子音)

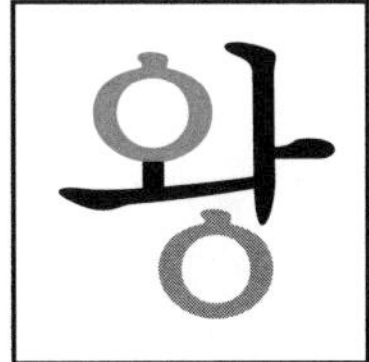

ㅇ ＋ㅘ＋ ㅇ＝왕(王)
〔無音〕＋〔wa〕＋〔ng〕＝〔wang〕

⑥

子音
母音
パッチム(子音)

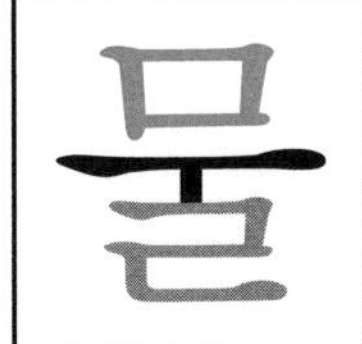

ㅁ＋ㅜ＋ㄹ＝물(水)
〔m〕＋〔u〕＋〔l〕＝〔mul〕

※パッチムは、必ず文字の下につきます。

2

母音を覚えよう

基本母音

ハングルの母音には、基本母音と複合母音の計21個があります。
まずは、基本母音から学んでいきましょう。
基本母音は、全部で10個あります。

1-1

ㅏ	ㅑ	ㅓ	ㅕ	ㅗ	ㅛ	ㅜ	ㅠ	ㅡ	ㅣ
a	ya	eo	yeo	o	yo	u	yu	eu	i

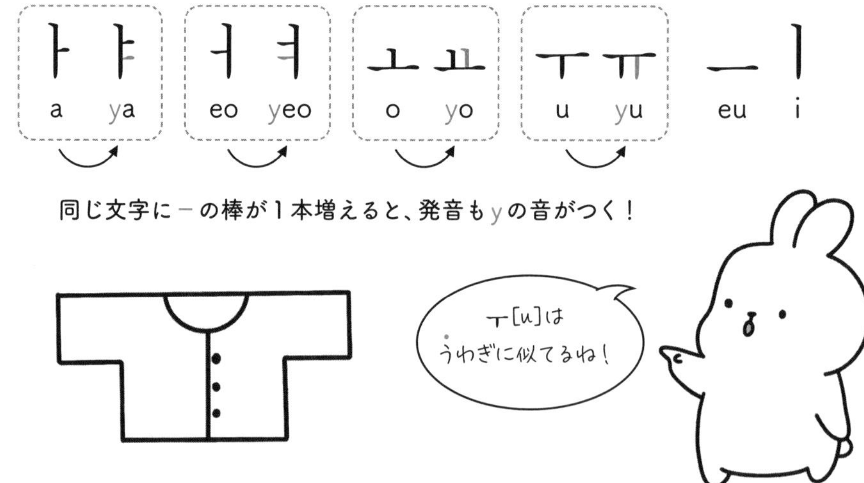

work

書き順に沿って書いてみましょう。

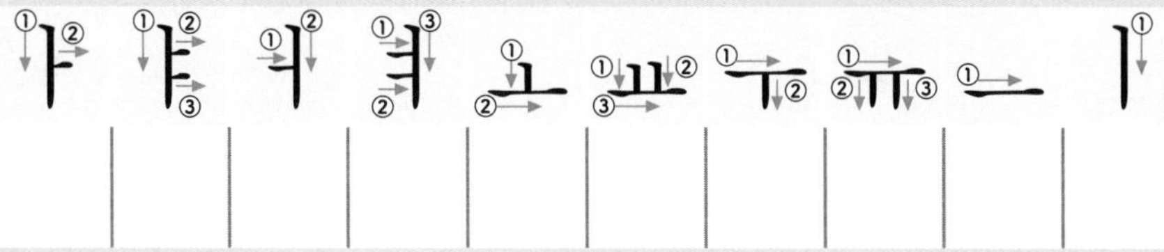

check!

発音しにくい母音

基本母音の中には、発音しにくい日本語にはない発音があります。

それが、「ㅓ」と「ㅗ」、「ㅜ」と「ㅡ」です。

それぞれ似ている音に聞こえますが、明確に別の音のため、同じように発音しないように注意しましょう。

1-2

①「ㅓ」と「ㅗ」

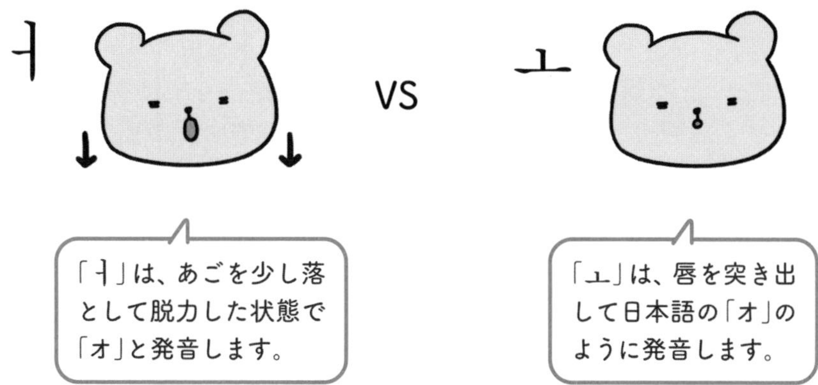

ㅓ
VS
ㅗ
「ㅓ」は、あごを少し落として脱力した状態で「オ」と発音します。
「ㅗ」は、唇を突き出して日本語の「オ」のように発音します。

②「ㅜ」と「ㅡ」

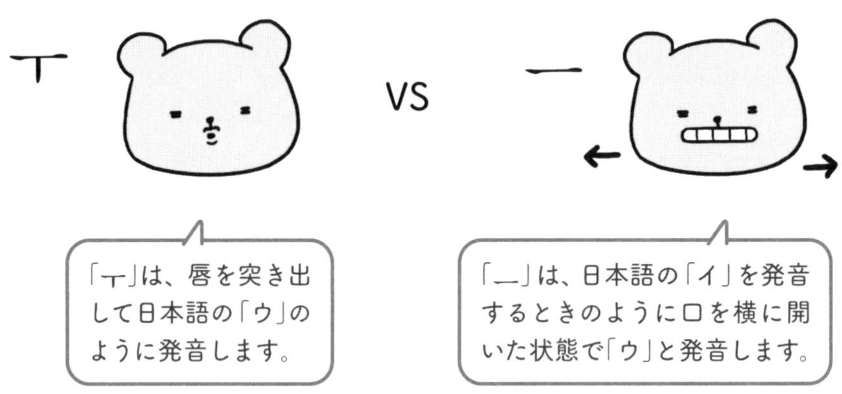

ㅜ
VS
ㅡ
「ㅜ」は、唇を突き出して日本語の「ウ」のように発音します。
「ㅡ」は、日本語の「イ」を発音するときのように口を横に開いた状態で「ウ」と発音します。

check!

母音を書くとき

母音を書くときは、無音の子音「ㅇ」(イウン)をつけて表記します。
ここからは母音に子音「ㅇ」をつけた文字で学んでいきましょう。

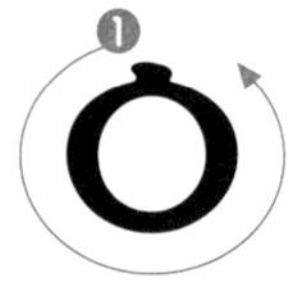

子音「ㅇ」の書き方は上からスタート！反時計回りに書きましょう。

work

1-3

なぞりながら書いたあと、実際に文字を書いてみましょう。

아	야	어	여	오	요	우	유	으	이
아	야	어	여	오	요	우	유	으	이

①子ども 아이

②牛乳 우유

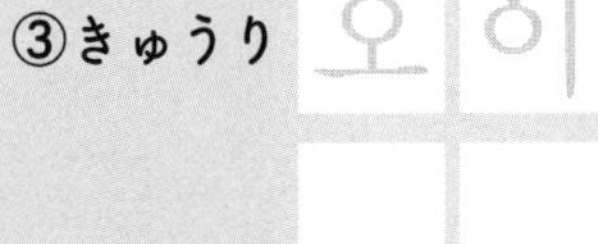

③きゅうり 오이

④理由 이유

⑤余裕 여유

⑥キツネ 여우

⑦幼児 유아

⑧歯 이

複合母音

複合母音とは、母音が2つ以上組み合わさった母音です。
全部で11個あります。

1-4

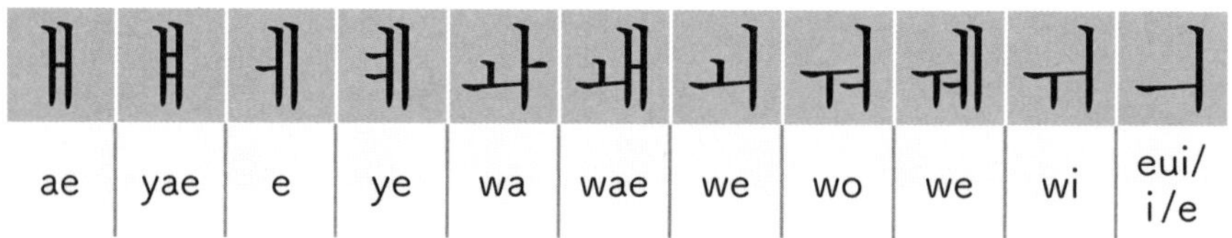

ㅐ	ㅒ	ㅔ	ㅖ	ㅘ	ㅙ	ㅚ	ㅝ	ㅞ	ㅟ	ㅢ
ae	yae	e	ye	wa	wae	we	wo	we	wi	eui/i/e

昔は「ㅐとㅔ」「ㅒとㅖ」「ㅙとㅚとㅞ」の発音をそれぞれ区別しましたが、現在はあまり区別せずに、「ㅐとㅔ」は［e］、「ㅒとㅖ」は［ye］、「ㅙとㅚとㅞ」は［we］と、ほぼ同じように発音しても構いません。

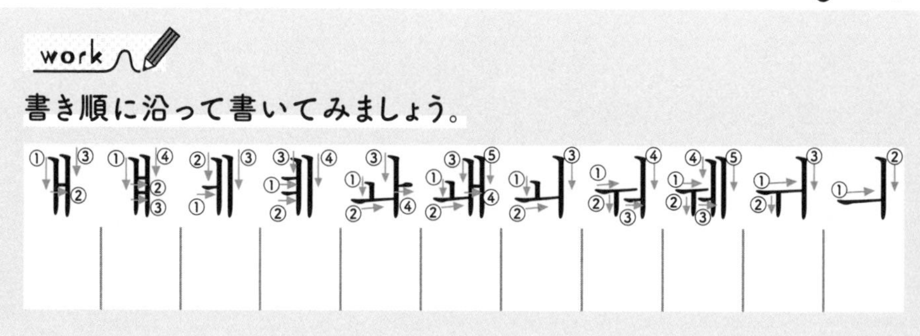

work
書き順に沿って書いてみましょう。
ㅐ ㅒ ㅔ ㅖ ㅘ ㅙ ㅚ ㅝ ㅞ ㅟ ㅢ

check! ※「의」の3つの発音 1-5

「의」は、単語のどの位置にくるかによって発音が変わります。

①의외（意外）：１文字目に「의」があるときの発音は〔eui〕（ウィ）

②예의（礼儀）：２文字目以降に「의」があるときの発音は〔i〕（イ）

③아이의 ～（子どもの～）：助詞「～の」のときの発音は〔e〕（エ）

work 1-6

なぞりながら書いたあと、実際に文字を書いてみましょう。

애	얘	에	예	와	왜	외	워	웨	위	의
애	얘	에	예	와	왜	외	워	웨	위	의

①なぜ？ 왜?

②礼儀 예의

③覚えます 외워요

④意外 의외

⑤例外 예외

⑥上 위

3 子音を覚えよう

平音

ハングルの子音は全部で19個あります。

子音には、基本的な「平音」の他、息を強く吐いて発音する「激音」、音を詰まらせるように発音する「濃音」があります。

まずは平音から学んでいきましょう。平音には、「ㄱ」「ㄴ」「ㄷ」「ㄹ」「ㅁ」「ㅂ」「ㅅ」「ㅇ」「ㅈ」「ㅎ」の10個があります。

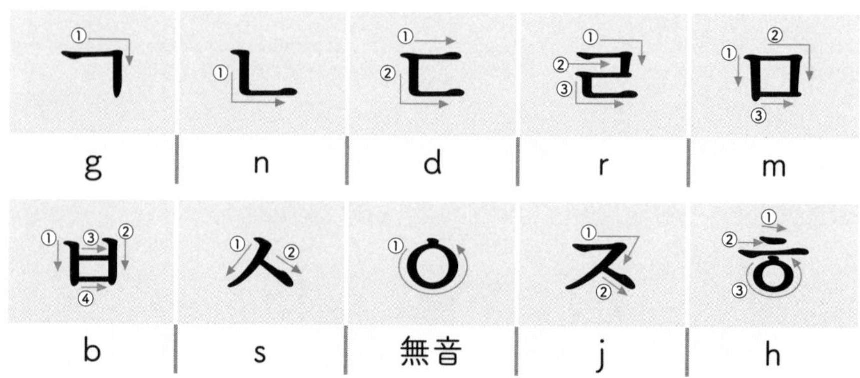

※「ㅎ」は、激音であるという意見もありますが、この書籍では平音とします。

※「ㅈ」は、フォントによって形が少し違います。手書きで書くときは明朝体のように書きます。この本では、手書きでよく書く明朝体で表記します。

ㅈ ➡ 明朝体　　　ㅈ ➡ ゴシック体

それぞれの子音は音を持っていますが、母音と一緒になってはじめて、発音できる1つの文字になります。

1-7

例 나〔na〕 ＝ㄴ〔n〕 ＋ㅏ〔a〕
무〔mu〕 ＝ㅁ〔m〕 ＋ㅜ〔u〕

check!

平音の発音

平音のうち、「ㄱ」「ㄷ」「ㅂ」「ㅈ」は単語のどの位置にくるかによって、発音が変わります。

1文字目にくると清音、2文字目以降にくると濁音になります。

※清音…カ行・タ行のように濁らない音のこと
※濁音…ガ行・ダ行のように「゛」がついた、濁った音のこと
⇒発音規則については、Chapter10で学びます。

1-8

Ko gi
고기（肉）

So go gi
소고기（牛肉）

同じ子音「ㄱ」の「고기」でも「고」の発音が異なります。

work

(1-9)

なぞりながら書いたあと、実際に文字を書いてみましょう。

①あかちゃん 아 기

②さつまいも 고 구 마

③道路 도 로

④どこ 어 디

⑤ズボン 바 지

⑥豆腐 두 부

⑦医者 의 사

⑧すし 스 시

⑨注射 주 사

⑩女性 여 자

⑪私 나

⑫君 너

⑬私たち 우 리

⑭いいえ 아 니 요

⑮料理 요 리

⑯歌 노 래

⑰りんご 사 과

激音

激音には、「ㅋ」「ㅌ」「ㅍ」「ㅊ」の４つがあります。

平音の「ㄱ」「ㄷ」「ㅂ」「ㅈ」が少し変化した形をしています。

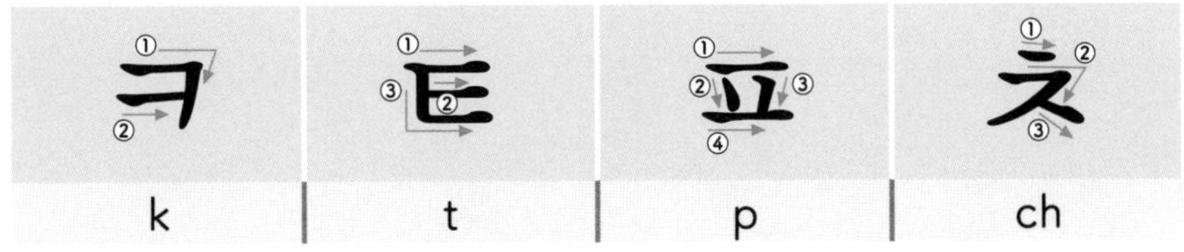

ㅋ	ㅌ	ㅍ	ㅊ
k	t	p	ch

check!

激音の発音

激音は息を強く吐きながら、平音よりも強く発音します。

平音の「ㄱ」「ㄷ」「ㅂ」「ㅈ」を強く発音することで、「ㄱ→ㅋ」「ㄷ→ㅌ」「ㅂ→ㅍ」「ㅈ→ㅊ」と、激音になります。

激音を発音するときは、口から強く息が出ます。息が出ていないとしたら激音にはなっていないので、発音チェックの際は、口の前に手のひらがくるようにして、手のひらに息が当たるか確認すると良いでしょう。

息が手のひらに
当たるか確認しながら
発音してみよう！

work

1-10

なぞりながら書いたあと、実際に文字を書いてみましょう。

①コーヒー 커피

②背 키

③トマト 토마토

④たこ焼き 다코야키

⑤パリ 파리

⑥パーティー 파티

⑦チーズ 치즈

⑧お茶、車 차

⑨ハート 하트

⑩ぶどう 포도

濃音

濃音には、「ㄲ」「ㄸ」「ㅃ」「ㅆ」「ㅉ」の5つがあります。平音の「ㄱ」「ㄷ」「ㅂ」「ㅅ」「ㅈ」が左右に2つ並んだ形をしています。

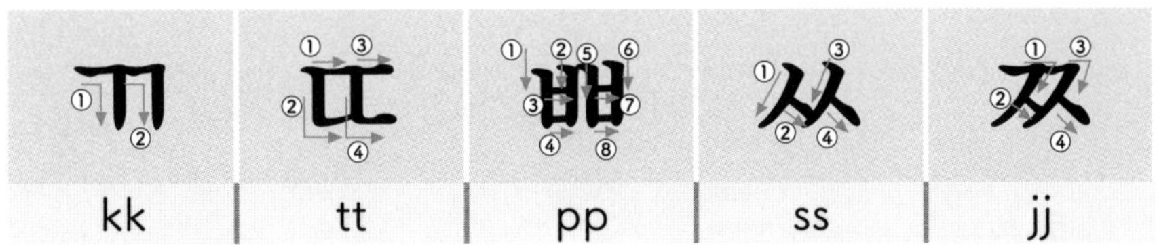

check!

濃音の発音 1-11

発音する際、日本語の小さい「ッ」が最初に入るように発音します。
下記のように日本語の単語をもとに考えると、わかりやすいです。
※母音の「ㅏ」を入れた文字で見てみましょう。

까：「4日(よっか)」の「よ」を発音せずに、詰まったように「っか」と発音した音

따：「あった」の「あ」を発音せずに、詰まったように「った」と発音した音

빠：「かっぱ」の「か」を発音せずに、詰まったように「っぱ」と発音した音

싸：「とっさ」の「と」を発音せずに、詰まったように「っさ」と発音した音

짜：「抹茶(まっちゃ)」の「ま」を発音せずに、詰まったように「っちゃ」と発音した音

work

1-12

なぞりながら書いたあと、実際に文字を書いてみましょう。

①しっぽ 꼬리

②ごま 깨

③また 또

④ヘアバンド 머리띠

⑤速い 빠르다

⑥お兄さん（女性から見て） 오빠

⑦使う、書く 쓰다

⑧ケンカする 싸우다

⑨しょっぱい 짜다

⑩チゲ 찌개

4 パッチムを覚えよう

パッチムの種類

パッチムとは、文字の下につける子音のことです。

パッチムは、子音１つだけのものの他に、２つの子音が合わさって１つのパッチムになるものがあります。これを「二重パッチム」と言います。

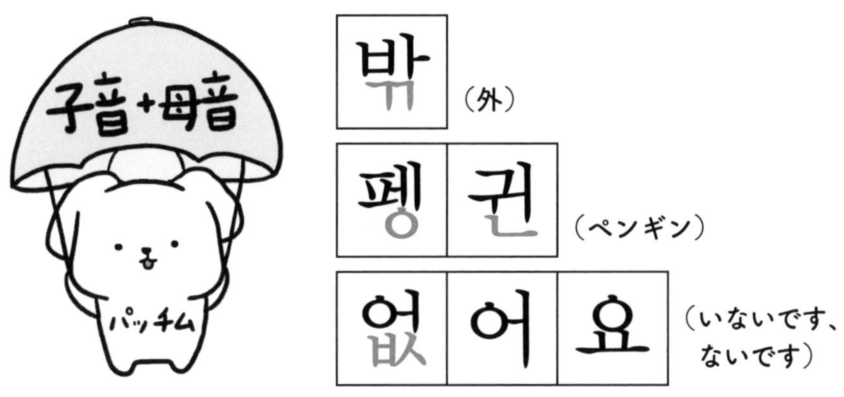

パッチムの発音

パッチムとして使われる子音はたくさんありますが、全部で７つのグループに分けることができます。

実際に発音されるのは、「ㄱ」「ㄷ」「ㅂ」「ㄹ」「ㄴ」「ㅇ」「ㅁ」の７つの子音のみで、これらを代表音と言います。

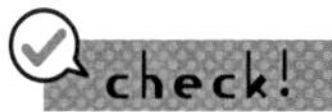

代表音の発音方法

まずは代表音である７つのパッチムの発音方法を覚えましょう。

	発音方法
ㄱ [k]	舌をどこにも当てないで喉を締め、息を止める
ㄷ [t]	舌を上の歯茎に当てて息を止める
ㅂ [p]	唇を閉じて息を止める
ㄹ [l]	舌を軽く巻いて上の歯茎に当てて音を出す
ㄴ [n]	舌の先を上の前歯の後ろにつけて鼻から音を出す
ㅇ [ng]	のどを舌の根でふさぐようにして鼻から音を出す
ㅁ [m]	唇を閉じて鼻から音を出す

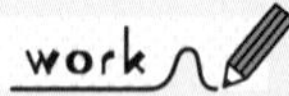

パッチムのある単語を聞いて発音してみましょう。 1-13

① ㄱ　가족（家族）　떡（餠）　먹다（食べる）

② ㄷ　듣다（聴く）　묻다（尋ねる、聞く）　걷다（歩く）

③ ㅂ　입（口）　밥（ご飯）　고맙다（ありがたい）

④ ㄹ　얼굴（顔）　물（水）　알다（わかる）

⑤ ㄴ　눈（目、雪）　손（手）　우산（傘）

⑥ ㅇ　가방（カバン）　성（苗字）　공부（勉強）

⑦ ㅁ　김（海苔）　이름（名前）　김치（キムチ）

check!

パッチムのグループ分け 1-14

代表音の７つ以外のパッチムは、下記のように分けられます。
同じグループのパッチムはすべて代表音で発音されます。

代表音	発音	パッチム	例
ㄱ	[k]	ㄱ, ㅋ, ㄲ, ㄳ, ㄺ	밖→[박/bak] (外)
ㄷ	[t]	ㄷ, ㅌ, ㅅ, ㅆ, ㅈ, ㅊ, ㅎ	있다の있→[읻/it] (いる・ある)
ㅂ	[p]	ㅂ, ㅍ, ㅄ, ㄿ	없다の없→[업/eop] (いない・ない)
ㄹ	[l]	ㄹ, ㄼ, ㄽ, ㄾ, ㅀ	싫다の싫→[실/sil] (嫌だ)
ㄴ	[n]	ㄴ, ㄵ, ㄶ	앉다の앉→[안/an] (座る)
ㅇ	[ng]	ㅇ	빵→[빵/ppang] (パン)
ㅁ	[m]	ㅁ, ㄻ	젊다の젊→[점/jeom] (若い)

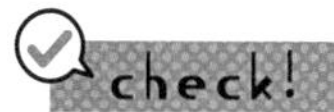

「ㄴ」「ㅇ」「ㅁ」の パッチムの音の違い

この３つのパッチムは、すべて日本語の「ん」のように聞こえますが、それぞれの発音にはきちんと違いがあります。

日本語の「みんな」「りんご」「ハンマー」の「ん」は、発音すると自然と「ㄴ」「ㅇ」「ㅁ」のパッチムどおりの発音になります。声に出して練習してみましょう。

ㄴ：(「みんな」の「ん」)→口を閉じずに舌を上の前歯の後ろにつける

ㅇ：(「りんご」の「ん」)→口を閉じずに舌の根でのどをふさぐようにして舌の先は下げる

ㅁ：(「ハンマー」の「ん」)→口を閉じて発音する

work

1.「ㄴ」「ㅇ」「ㅁ」のパッチムがつく単語を聞いて、実際に発音してみましょう。 1-15

次の単語は、パッチムの違いで意味が変わります。

①간（レバー） vs 강（川） vs 감（柿）

②산（山） vs 상（賞） vs 삼（三）

③반（半） vs 방（部屋） vs 밤（夜・栗）

次の単語には、「ㄴ」「ㅇ」「ㅁ」の３つのパッチムが入っています。

④선생님（先生）　⑤장난감（おもちゃ）

work

1-16

2.なぞりながら書いたあと、実際に文字を書いてみましょう。

①日本 일 본

②韓国 한 국

③旅行 여 행

④男性 남 자

⑤ご飯 밥

⑥前 앞

⑦花 꽃

⑧聞く 듣 다

⑨数字 숫 자

⑩電話 전 화

⑪先生 선 생 님

⑫おもちゃ 장 난 감

⑬短い 짧 다

⑭読む 읽다

⑮ある・いる 있다

⑯ない・いない 없다

⑰広い 넓다

⑱嫌だ 싫다

⑲座る 앉다

⑳似ている 닮다

㉑若い 젊다

㉒値段 값

※韓国語は文字の位置や、パッチムとその次にくる子音により発音が変わることがあります。発音規則についてはChapter10で学びます。

Chapter 2

用言

韓国語の用言は、それぞれの活用により形が変化します。

用言の活用には、「ハムニダ体」「ヘヨ体」「ハンダ体」「パンマル」などがありますが、本書では、ネイティブが会話で主に使う「ヘヨ体」を集中的に学んでいきましょう。

1 動詞と形容詞

動詞と形容詞の活用

韓国語の動詞と形容詞も、日本語の「行く」「食べる」「楽しい」などのように原形があります。

原形は、すべて語尾が「-다」で、辞書にはこの形で載っています。形容詞は原形のまま話したり書いたりすることもありますが、動詞は話したり書いたりするとき、原形を他の形に活用して使います。

動詞と形容詞の活用の内、本書では丁寧語であるハムニダ体とヘヨ体、丁寧語ではないハンダ体とパンマルの４つを学びます。

2-1

① ハムニダ体
안녕하십니까?
9시 뉴스입니다.
(こんばんは。
9時のニュースです。)
NEWS
② ヘヨ体
MENU
소주하고 삼겹살
1인분 주세요!
(焼酎とサムギョプサル
1人前ください!)
조금만
기다려주세요.
(少々お待ちください。)
③ ハンダ体
5월12일
어제 디즈니랜드에
갔다.
재미있었다.
내일은 학교에 간다.
숙제도 있다.
(5月12日
昨日ディズニーランドに
行った。
面白かった。
明日は学校に行く。
宿題もある。)
나 이거
먹는다.
(私、これ食べるよ。)
응!(うん!)
④ パンマル
오늘 저녁에
뭐 해?
(今日の夜、何する?)
약속 없어!
같이 치킨 먹자!
(約束ないよ!
一緒にチキン食べよう!)

❶ **ハムニダ体**（합니다）：主にフォーマルなシーン（面接時やニュースなど）や書面で使う丁寧語

❷ **ヘヨ体**（해요）：日常でいちばんよく使う丁寧語

❸ **ハンダ体**（한다）：報告書や日記を書くときなどに使う。パンマルのように会話で使われる場合もある

❹ **パンマル**：タメ口。年上の人が年下に、もしくは仲がよい相手同士で使う

check!

Chapter2を勉強する前に知っておこう！

「語幹」とは？⇒動詞や形容詞の原形から最後の文字「다」を除いた部分。

「語幹末」とは？⇒語幹の最後の文字のこと。語幹末の母音やパッチムの有無によっても活用が変わる。

語幹末によって活用が変わります。
「ヘヨ体」では語幹末の母音をチェック！

例

原形	語幹末	語幹末の母音
가다（行く）	가	ㅏ
먹다（食べる）	먹	ㅓ
맛있다（美味しい）	있	ㅣ
예쁘다（綺麗だ）	쁘	ㅡ

語幹末は、原形の「다」の左側にある文字と考えてOK！

가다の語幹と語幹末は「가」、語幹末の母音は「ㅏ」

먹다の語幹と語幹末は「먹」、語幹末の母音は「ㅓ」

맛있다の語幹は「맛있」、語幹末は「있」、語幹末の母音は「ㅣ」

예쁘다の語幹は「예쁘」、語幹末は「쁘」、語幹末の母音は「ㅡ」

work

2-2

次の単語から、語幹末と語幹末の母音を探してみましょう。

原形	語幹末	語幹末の母音
①맛있다（美味しい）		
②보다（見る）		
③갈아입다（着替える）		
④먹다（食べる）		
⑤주다（あげる・くれる）		
⑥조용하다（静かだ）		
⑦만들다（つくる）		

work答え ①있/ㅣ ②보/ㅗ ③입/ㅣ ④먹/ㅓ ⑤주/ㅜ ⑥하/ㅏ ⑦들/ㅡ

check!

日本語の「、」と「。」の代わりに使われるもの

韓国語には、日本語の「、」（読点）と「。」（句点）はありません。「、」の代わりに「,」（カンマ）、「。」の代わりに文末に必ず「.」（ピリオド）をつけます。

また日本語と大きく違う点は、韓国語は分かち書きをすることです。

基本的に単語と単語の間で分かち書きをします。助詞は、前の単語につけて書くのがルールです。

例 나는 밥을 먹어요.
（私は）（ご飯を）（食べます。）

スペースを空けて分かち書きをします。

分かち書きは他にも細かいルールがありますが、文章をたくさん読むと自然に身につくので、今はまず、上記のルールだけしっかり覚えておきましょう。

2 ハムニダ体とハンダ体

ハムニダ体のつくり方

本書では日常会話で主に使うヘヨ体を中心に学んでいきます。

そのため、ハムニダ体とハンダ体は最低限知っておくべきことだけをお伝えします。

まずは、ハムニダ体からです。ハムニダ体は、フォーマルなシーンや、店員さんがお客さんに話すとき、少しかしこまったときなどに使います。

ハムニダ体＝語幹＋ㅂ/습니다

2-3

語幹末	ルール	例
パッチムなし	語幹＋ㅂ니다	이다 → 이＋ㅂ니다＝입니다 （～だ）　（～です） 가다 → 가＋ㅂ니다＝갑니다 （行く）　（行きます）
パッチムあり	語幹＋습니다	있다 → 있＋습니다＝있습니다 （いる・ある）　（います・あります） 먹다 → 먹＋습니다＝먹습니다 （食べる）　（食べます）

日常生活の中でよく使われるハムニダ体の表現がいくつかあります。下記の10個の表現は覚えておきましょう。

2-4

①名詞＋입니다（～です）

例 모모입니다.（モモです。）

②감사합니다. / 고맙습니다.（ありがとうございます。）

※감사합니다は漢字語（感謝＝감사）を使った表現、고맙습니다は固有語（純粋な韓国語）です。2つの使い分けはありません。

③잘 부탁드립니다.（よろしくお願いいたします。）

④잘 먹겠습니다.（いただきます。）

⑤잘 먹었습니다.（ごちそうさまでした。）

⑥죄송합니다.（申し訳ございません。）

⑦수고하셨습니다.（お疲れさまでした。）

⑧다녀오겠습니다.（行ってきます。）

⑨다녀왔습니다.（ただいま。）

⑩실례하겠습니다.（失礼します。）

※鼻音化により「-ㅂ니다」の発音は［ㅁ니다］に変わります（詳しくは204ページ参照）。

ハンダ体のつくり方

ハンダ体は、新聞や報告書などのフォーマルな文章や、日記を書くときなどによく使います。

また、親しい間柄でパンマル（タメ口）を使うときや、ひとりごとを言うときにもハンダ体を使うことがあります。

ハンダ体＝動詞の語幹＋ㄴ/는다

※ただし、形容詞・指定詞・存在詞は原形のままです。

例 2-5

사다（買う）→ **사＋ㄴ다＝산다**（買う）

먹다（食べる）→ **먹＋는다＝먹는다**（食べる）

예쁘다（綺麗だ）→ **예쁘다**（綺麗だ）

귀엽다（可愛い）→ **귀엽다**（可愛い）

이다（～だ）→ **이다**（～だ）〈指定詞〉

있다（ある・いる）→ **있다**（ある・いる）〈存在詞〉

귀엽다!
（可愛い！）
나 이거 산다!
（私これ買う！）

3 ヘヨ体

ヘヨ体は、日常生活の中で、もっともよく使われます。

日本語に訳すと、ハムニダ体の「〜です／〜ます」と同じ丁寧語ですが、ハムニダ体がフォーマルな場などで使われるのに対し、ヘヨ体は日常生活で使う丁寧語です。

「名詞+です」の場合

「名詞＋です」の形の場合、日本語では前にどんな名詞がきても「〜です」をつけますが、韓国語は前にくる名詞の最後の文字にパッチムがあるかないかで、「〜です」にあたる言葉が変わります。

2-6

名詞の最後の文字	ルール	例
パッチムなし	名詞＋예요	남자예요（男性です） 여자예요?（女性ですか？）
パッチムあり	名詞＋이에요	일본 사람이에요（日本人です） 한국 사람이에요?（韓国人ですか？）

動詞や形容詞の場合

動詞や形容詞のヘヨ体は、語幹末の母音が「ㅏ，ㅗ」の場合は語幹に「−아요」をつけて活用し、「ㅏ，ㅗ」以外の場合は語幹に「−어요」をつ

けて活用します。また、「**하다**」で終わる単語は「**하다**」を「**해요**」に変えるだけでヘヨ体になります。

2-7

動詞・形容詞の形	ルール	例
語幹末の母音が「ㅏ, ㅗ」の場合	語幹＋아요	같다（同じだ）→ 같아요（同じです） 좋다（良い）→ 좋아요（良いです）
語幹末の母音が「ㅏ, ㅗ」以外の場合	語幹＋어요	먹다（食べる）→ 먹어요（食べます） 웃다（笑う）→ 웃어요（笑います）
「하다」で終わる場合	하다→해요	공부하다（勉強する）→ 공부해요（勉強します） 조용하다（静かだ）→ 조용해요（静かです）

check!

ヘヨ体の疑問文

ヘヨ体は、疑問文（〜ですか？）も平叙文（〜です）と同じ形です。疑問文の場合、文では語尾に「？」をつけ、話す際にはイントネーションを上げます。また、依頼（〜してください）や勧誘（〜しましょう）をするときも、ヘヨ体は語尾が変わりません。

例 2-8

平叙文	疑問文	勧誘文
①좋아요（良いです）	좋아요?（良いですか？）	——
②먹어요（食べます）	먹어요?（食べますか？）	먹어요（食べましょう）
③가요（行きます）	가요?（行きますか？）	가요（行きましょう）

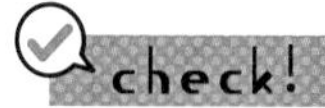

ヘヨ体の母音の合体現象

ヘヨ体では、語幹の母音が「-아요」や「-어요」の母音と合体する場合があります。

2-9

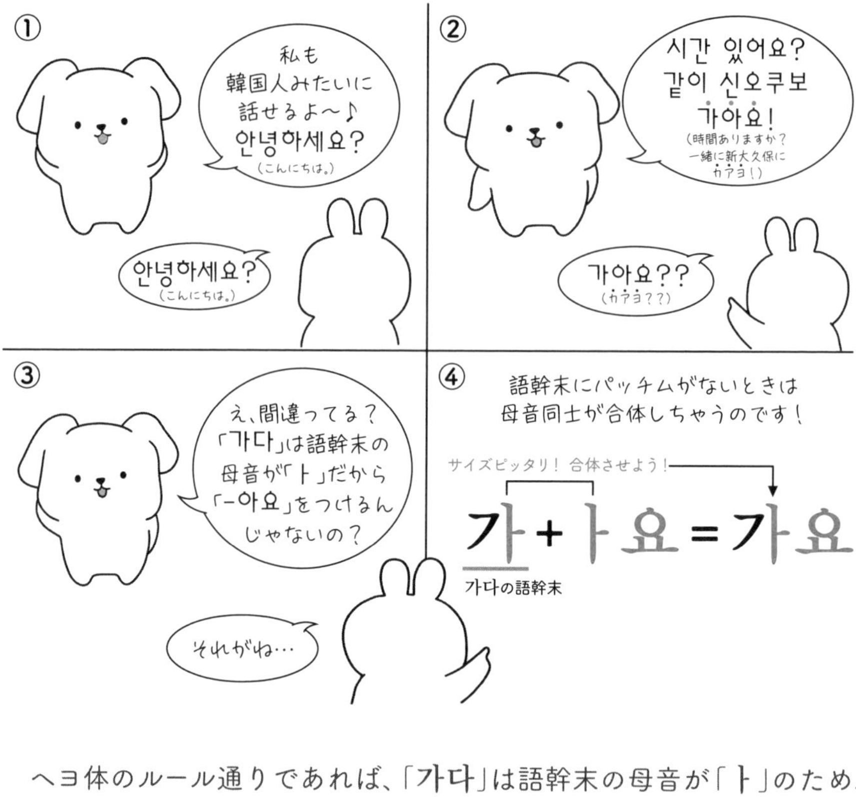

①

私も
韓国人みたいに
話せるよ〜♪
안녕하세요?
（こんにちは。）

안녕하세요?
（こんにちは。）

②

시간 있어요?
같이 신오쿠보
가아요!
（時間ありますか？
一緒に新大久保に
カアヨ！）

가아요??
（カアヨ??）

③

え、間違ってる？
「가다」は語幹末の
母音が「ㅏ」だから
「-아요」をつけるん
じゃないの？

それがね…

④

語幹末にパッチムがないときは
母音同士が合体しちゃうのです！

サイズピッタリ！ 合体させよう！

가 + ㅏ요 = 가요

가다の語幹末

ヘヨ体のルール通りであれば、「가다」は語幹末の母音が「ㅏ」のため、語幹に「-아요」をつけて「가+아요=가아요」になると思うかもしれません。しかし、韓国語では同じ母音が連続で続くときは、母音同士が合体します。「가다」の場合は、「가요」になります。

これは語幹末にパッチムがないときのみに起こる現象です。

ヘヨ体のいろいろな母音の合体 2-10

※「-아요」や「-어요」は合体の説明を理解しやすくするために無音の子音「ㅇ」をとった形の「ㅏ요」や「ㅓ요」と表記しています。

語幹末の母音	原形		
ㅏ	①가다（行く）	가+ㅏ요=가요	同じ母音は1つの母音に合体！
ㅓ	②서다（立つ）	서+ㅓ요=서요	
ㅐ	③내다（出す）	ポン！と入る 내+ㅓ요=내요	後ろにつく「ㅓ요」の「ㅓ」が語幹末の母音の中にポンッと入って合体！
ㅕ	④켜다（つける）	ポン！と入る 켜+ㅓ요=켜요	
ㅔ	⑤세다（数える）	ポン！と入る 세+ㅓ요=세요	
ㅗ	⑥오다（来る）	오+ㅏ요=와요	語幹末の母音が「ㅗ」「ㅜ」「ㅚ」の場合はポンッと入るところがないのでそのままくっつく
ㅜ	⑦주다（あげる）	주+ㅓ요=줘요	
ㅚ	⑧되다（なる）	되+ㅓ요=돼요	
ㅣ	⑨시다（すっぱい）	시+ㅓ요=셔요	語幹末の母音が「ㅣ」の場合は「ㅓ」に横棒が加わって「ㅕ」になる

4 パンマル

パンマルのつくり方

パンマルは基本的にヘヨ体から最後の「요」をとるだけで簡単につくることができます。

パンマル＝ヘヨ体 − 요

2-11

例 2-12

①가요(行きます) → 가(行くよ)

②해요(します) → 해(するよ)

③먹어요(食べます) → 먹어(食べるよ)

ただし、例外があり、「**예요/이에요**」「**아니에요**」は、パンマルになるとき、下記のように変わります。これはこのまま覚えてしまいましょう。

2-13

名詞(パッチムなし)+예요(〜です) → 名詞+야(〜だよ)

名詞(パッチムあり)+이에요(〜です) → 名詞+이야(〜だよ)

아니에요(違います) → 아니야(違うよ)

work

次の原形をヘヨ体とパンマルに変換してみましょう。 2-14

原形	ヘヨ体	パンマル
①먹다(食べる)		
②읽다(読む)		
③살다(住む)		
④있다(いる・ある)		
⑤좋다(良い)		
⑥공부하다(勉強する)		

⑦놀다（遊ぶ）		
⑧재미있다（面白い）		
⑨운동하다（運動する）		
⑩맛있다（美味しい）		
⑪일하다（仕事する）		
⑫힘들다（しんどい）		
⑬행복하다（幸せだ）		

work答え ①먹어요/먹어　②읽어요/읽어　③살아요/살아　④있어요/있어　⑤좋아요/좋아　⑥공부해요/공부해　⑦놀아요/놀아　⑧재미있어요/재미있어　⑨운동해요/운동해　⑩맛있어요/맛있어　⑪일해요/일해　⑫힘들어요/힘들어　⑬행복해요/행복해

【例外】 2-15

듣다（聞く） → **들어요**（聞きます）

귀엽다（可愛い） → **귀여워요**（可愛いです）

예쁘다（綺麗だ） →**예뻐요**（綺麗です）

모르다（わからない） → **몰라요**（わかりません）

例外にも、それぞれルールがあるけれど、今はわからなくても大丈夫！気になる人は110ページ以降を参照してね！

Chapter 3

時制

日常生活でよく使われるヘヨ体とパンマルの時制について勉強します。

数学の数式のように、決まったルールに沿って変化させるだけで、簡単に時制を自由自在に変えることができるようになります。

1

ヘヨ体の過去形（〜でした）

「名詞+でした」の場合

「名詞＋でした」の過去形も現在形と同様、名詞の最後の文字にパッチムがあるかないかで「〜でした」にあたる部分の形が変わります。

3-1

名詞の最後の文字	ルール	例
パッチムなし	名詞＋였어요	주부였어요 （主婦〔主夫〕でした）
パッチムあり	名詞＋이었어요	회사원이었어요 （会社員でした）

動詞や形容詞の場合

ヘヨ体の過去形は、ヘヨ体の現在形から「요」をとって「-ㅆ어요」をつけます。

ヘヨ体の過去形＝ヘヨ体の現在形－요＋ㅆ어요

3-2

原形	ヘヨ体の現在形－요＋ㅆ어요＝過去形
읽다（読む）	읽어요 ＋ ㅆ어요 ＝ 읽었어요 （読みます）　（読みました）
좋다（良い）	좋아요 ＋ ㅆ어요 ＝ 좋았어요 （良いです）　（良かったです）
보다（見る）	봐요 ＋ ㅆ어요 ＝ 봤어요 （見ます）　（見ました）
가다（行く）	가요 ＋ ㅆ어요 ＝ 갔어요 （行きます）　（行きました）
마시다（飲む）	마셔요 ＋ ㅆ어요 ＝ 마셨어요 （飲みます）　（飲みました）
하다（する）	해요 ＋ ㅆ어요 ＝ 했어요 （します）　（しました）

work

次の単語をヘヨ体の過去形に変えてみましょう。 3-3

原形	ヘヨ体の過去形
①싫다（嫌いだ）	（嫌いでした）
②가다（行く）	（行きました）
③내다（出す）	（出しました）
④켜다（〈電気などを〉つける）	（つけました）
⑤되다（なる）	（なりました）
⑥공부하다（勉強する）	（勉強しました）

work答え　①싫었어요　②갔어요　③냈어요　④켰어요　⑤됐어요　⑥공부했어요

2 ヘヨ体の過去完了形（～でした、～していました）

過去のある時点を表す活用

過去完了形とは、過去にはそうだったが今はそうではないことを表します。ヘヨ体の過去完了形は、ヘヨ体の現在形から「요」をとって「-ㅆ었어요」をつけます。

ヘヨ体の過去完了形＝ヘヨ体の現在形－요＋ㅆ었어요

3-4

原形	ヘヨ体の現在形－요＋ㅆ었어요＝過去完了形
유학하다（留学する）	유학해~~요~~（留学します）＋ㅆ었어요＝유학했었어요（留学していました）
먹다（食べる）	먹어~~요~~（食べます）＋ㅆ었어요＝먹었었어요（食べていました）
보다（見る）	봐~~요~~（見ます）＋ㅆ었어요＝봤었어요（見ていました）

過去には
そうであったけれど、
今はそうではないってこと！
5年前
現在

work

次の単語をヘヨ体の過去完了形に変えてみましょう。 3-5

原形	過去完了形
①살다（住む）	（住んでいました）
②마시다（飲む）	（飲んでいました）
③다니다（通う）	（通っていました）
④일하다（働く）	（働いていました）
⑤날씬하다（スリムだ）	（スリムでした）
⑥연락하다（連絡する）	（連絡していました）
⑦키우다（飼う・育てる）	（飼っていました・育てていました）

work答え ①살았었어요 ②마셨었어요 ③다녔었어요 ④일했었어요 ⑤날씬했었어요 ⑥연락했었어요 ⑦키웠었어요

3 ヘヨ体の現在進行形（～しています）

現在形が現在進行形になることも

ヘヨ体の現在進行形は、語幹に「-고 있어요」をつけます。

ヘヨ体の現在進行形＝動詞や形容詞の語幹＋고 있어요

※韓国語では、現在形が現在進行形になることも多いです。
例えば、「**먹어요**」は「食べます」の他、「食べています」という意味にもなります。

3-6

原形	語幹＋고 있어요＝現在進行形
가다（行く）	가 ＋고 있어요＝가고 있어요（行っています）
먹다（食べる）	먹 ＋고 있어요＝먹고 있어요（食べています）
다니다（通う）	다니 ＋고 있어요＝다니고 있어요（通っています）
공부하다（勉強する）	공부하 ＋고 있어요＝공부하고 있어요（勉強しています）

work

次の単語をヘヨ体の現在進行形に変えてみましょう。

3-7

原形	現在進行形
①자다（寝る）	（寝ています）
②샤워하다（シャワーする）	（シャワーしています）
③보다（見る）	（見ています）
④듣다（聞く）	（聞いています）
⑤마시다（飲む）	（飲んでいます）
⑥만들다（つくる）	（つくっています）
⑦배우다（学ぶ）	（学んでいます）

work答え　①자고 있어요　②샤워하고 있어요　③보고 있어요　④듣고 있어요
⑤마시고 있어요　⑥만들고 있어요　⑦배우고 있어요

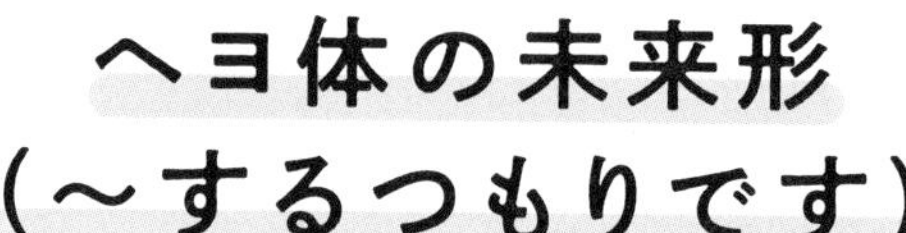

4 ヘヨ体の未来形（～するつもりです）

現在形が未来形になることも

ヘヨ体の未来形は、語幹に「-ㄹ/을 거예요」をつけます。語幹の最後の文字のパッチムの有無によって、形が変わります。

ヘヨ体の未来形＝動詞や形容詞の語幹＋ㄹ/을 거예요

※韓国語では、現在形が未来形になることもあります。
例えば、「가요」は「行きます」の他、「行くつもりです」という意味にもなります。

3-8

語幹末	ルール	例
パッチムなし	語幹＋ㄹ 거예요	가다 → 갈 거예요 （行く）（行くつもりです） 주다 → 줄 거예요 （あげる）（あげるつもりです）
パッチムあり	語幹＋을 거예요	먹다 → 먹을 거예요 （食べる）（食べるつもりです） 받다 → 받을 거예요 （もらう）（もらうつもりです）
パッチムがㄹ	語幹＋거예요	만들다 → 만들 거예요 （つくる）（つくるつもりです）

【例外】 3-9

語幹末のパッチムが「ㄷ」のときは、パッチムが「ㄹ」に変わります。

例 듣다（聞く） → 들을 거예요（聞くつもりです）
걷다（歩く） → 걸을 거예요（歩くつもりです）

check!

未来形は文脈によって意味が変わる 3-10

未来形の「-ㄹ/을 거예요」の形は、単純に未来のことを言うときだけでなく、自分の意志を表すとき（主語が自分のとき）や、推測や予想するとき（主語が自分ではないとき）にも使います。

例 ①이따가 친구를 만날 거예요.（未来形）
（後で友達に会います。）

②제가 이 빵을 먹을 거예요.（自分の意志を表す・未来形）
（私がこのパンを食べるつもりです。）

③저는 꼭 합격할 거예요.（自分の意志）
（私は必ず合格します。）

④이 아이돌이 1등 할 거예요.（推測）
（このアイドルが1位をとると思います。）

⑤이 옷을 입으면 예쁠 거예요.（予想）
（この服を着ると可愛いと思います。）

同じ形でも
文脈によって意味が
変わるんだね！

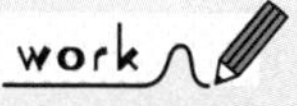

次の単語をヘヨ体の未来形に変えてみましょう。 3-11

原形	未来形
①오다（来る）	（来るでしょう）
②입다（着る）	（着るつもりです）
③사다（買う）	（買うつもりです）
④타다（乗る）	（乗るつもりです）
⑤만나다（会う）	（会うつもりです）
⑥살다（住む）	（住むつもりです）
⑦주문하다（注文する）	（注文するつもりです）
⑧읽다（読む）	（読むつもりです）
⑨마시다（飲む）	（飲むつもりです）

work答え ①올 거예요 ②입을 거예요 ③살 거예요 ④탈 거예요 ⑤만날 거예요 ⑥살 거예요 ⑦주문할 거예요 ⑧읽을 거예요 ⑨마실 거예요

パンマルの時制

パンマルの過去形・現在進行形

パンマルの過去形と現在進行形は、現在形と同じように、ヘヨ体から最後の文字の「요」をとるだけです。

例 3-12

原形 → ヘヨ体の過去形・現在進行形 → パンマルの過去形・現在進行形

過去形の場合
- 먹다（食べる）→ 먹었어~~요~~（食べました）→ 먹었어（食べた）
- 가다（行く）→ 갔어~~요~~（行きました）→ 갔어（行った）
- 읽다（読む）→ 읽었어~~요~~（読みました）→ 읽었어（読んだ）

現在進行形の場合
- 보다（見る）→ 보고 있어~~요~~（見ています）→ 보고 있어（見ている）
- 하다（する）→ 하고 있어~~요~~（しています）→ 하고 있어（している）

パンマルの未来形

他の時制はヘヨ体から「요」をとるだけでパンマルになりますが、未来形は次のようになります。

ヘヨ体の未来形		パンマルの未来形
−ㄹ 거예요	⇒	−ㄹ 거야
−을 거예요	⇒	−을 거야

3-13

語幹末	ルール	例
パッチムなし	語幹＋ㄹ 거야	보다 → 볼 거야 （見るつもりだよ）
パッチムあり	語幹＋을 거야	먹다 → 먹을 거야 （食べるつもりだよ）
パッチムがㄹ	語幹＋거야	놀다 → 놀 거야 （遊ぶつもりだよ）

work

次の単語をパンマルの未来形に変えてみましょう。 3-14

原形	パンマルの未来形
①청소하다（掃除する）	（掃除するつもりだよ）
②오다（来る）	（来ると思うよ）
③만들다（つくる）	（つくるつもりだよ）
④춤추다（踊る）	（踊るつもりだよ）
⑤주문하다（注文する）	（注文するつもりだよ）
⑥읽다（読む）	（読むつもりだよ）
⑦마시다（飲む）	（飲むつもりだよ）

work答え ①청소할 거야 ②올 거야 ③만들 거야 ④춤출 거야 ⑤주문할 거야 ⑥읽을 거야 ⑦마실 거야

Chapter 4

名詞と助詞

Chapter4では、名詞や人の呼び方、助詞について勉強します。

用言を勉強した上で名詞と助詞を学べば、簡単に韓国語の文章をつくることができるようになります。

1 名詞

漢字語と固有語

韓国語には、漢字をもとにした「漢字語」と韓国固有の言葉である「固有語」があります。

固有語は、漢字語ではない純粋なハングルでつくられた言葉です。

漢字語の場合、１つの漢字の読み方は基本的に１つです。日本語だと「物」は「もの」「ぶつ」と複数の読み方がありますが、韓国語では「物」は「물」としか読めないため、漢字の読み方を覚えると名詞を覚えやすくなります。

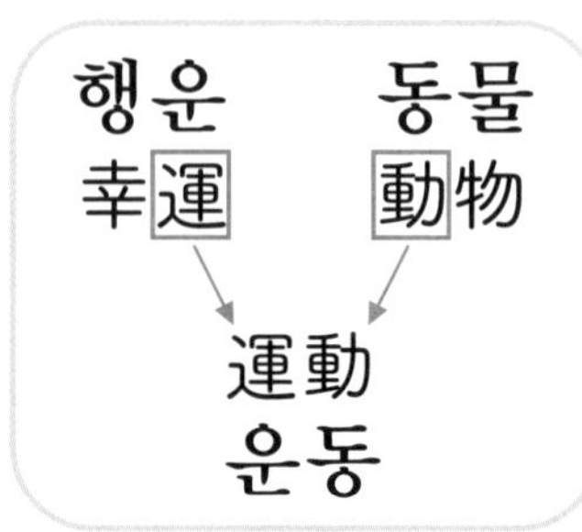

例 4-1

固有語

①사랑（愛）　하늘（空）　아름답다（美しい）

漢字語

②社会 사회　会社 회사　会議 회의

③出勤 출근　退勤 퇴근　勤務 근무

④学生 학생　学校 학교　学費 학비

⑤時計 시계　時間 시간　○時□分 ○시 □분

⑥韓国 한국　米国 미국　中国 중국

代名詞

❶ 人称代名詞 4-2

「私」は、日本語では「私、俺、僕」などと複数の言い方がありますが、韓国語では呼び方は1つで「나」と言い、目上の人に対しては「저」と言います。よく使う人称代名詞を下の表にまとめましたので覚えましょう。

日本語	韓国語	補足
① 私	나/저	パンマルで話す関係では左側の「나」「우리」を、敬語を使う関係では右側の「저」「저희」を使います。
② 私たち	우리/저희	
③ 君	너	同い年や年下の相手に対して使います。
④ あなた	당신	基本的には夫婦同士で使う呼称です。
⑤ 彼女	그녀	この2つは文語でよく使う代名詞で、会話では男女に関係なく、그 사람(あの人)や그분(あの方)、그 애(あの子)のように「그」と他の名詞を合わせてよく使います。
⑥ 彼	그	

また、韓国語は相手との関係性によって、もしくは後ろにつく助詞によって「私」や「私たち」を表す単語が変わります。よく使うものを下の表にまとめましたので覚えましょう。

	パンマルで話す関係の場合	敬語を使う関係の場合
⑦ 私の	내(나의)	제(저의)
⑧ 私が	내가	제가
⑨ 私たち	우리	저희
⑩ 私たちの	우리/우리의	저희/저희의
⑪ 私たちが	우리가	저희가

❷指示代名詞と疑問代名詞 4-3

　よく使う指示代名詞と疑問代名詞を下の表にまとめましたので、このまま覚えましょう。会話では、(　)内の言葉のほうをよく使います。

①	이것(이거)	これ	⑥	여기	ここ
②	그것(그거)	それ	⑦	거기	そこ
③	저것(저거)	あれ	⑧	저기	あそこ
④	언제	いつ	⑨	무엇(뭐)	何
⑤	어디	どこ	⑩	누구	誰

check!

指示代名詞と疑問代名詞の縮約 4-4

　ネイティブの会話では、指示代名詞と疑問代名詞は、下の表のように助詞と縮約された形でよく使われます。

①	무엇을 → 뭘	何を	⑦	이것이 → 이게	これが
②	무엇이 → 뭐가	何が	⑧	그것이 → 그게	それが
③	무엇으로 → 뭘로	何で	⑨	저것이 → 저게	あれが
④	이것을 → 이걸	これを	⑩	이것은 → 이건	これは
⑤	그것을 → 그걸	それを	⑪	그것은 → 그건	それは
⑥	저것을 → 저걸	あれを	⑫	저것은 → 저건	あれは

知り合いの呼び方

韓国では誰かを呼ぶとき、年齢や役職が下の人に対してはそのまま名前を呼びますが、年齢や役職が上の人に対しては名前ではなく、名称や役職で呼びます。

お互いの年や役職などがわからない場合は、「～さん」にあたる「**씨**」を名前に続けて呼ぶのが一般的です。

この場合、日本と違って「苗字＋さん」ではなく「フールネーム＋**씨**」、もしくは「下の名前＋**씨**」の形で呼びます。日本のように「苗字＋**씨**」と呼ぶと、失礼になるので気をつけましょう。

例　4-5

김영우 씨／박주은 씨（○）
〈苗字〉〈名前〉　〈苗字〉〈名前〉

김 씨／박 씨（×）

영우 씨／주은 씨（○）

年上の呼び方

韓国では年上の人を呼ぶとき、「**오빠／형**（お兄さん）」や「**언니／누나**（お姉さん）」と呼びます。自分と相手の性別によって呼び方が変わるので注意しましょう。家族ではない関係でも使います。

4-6

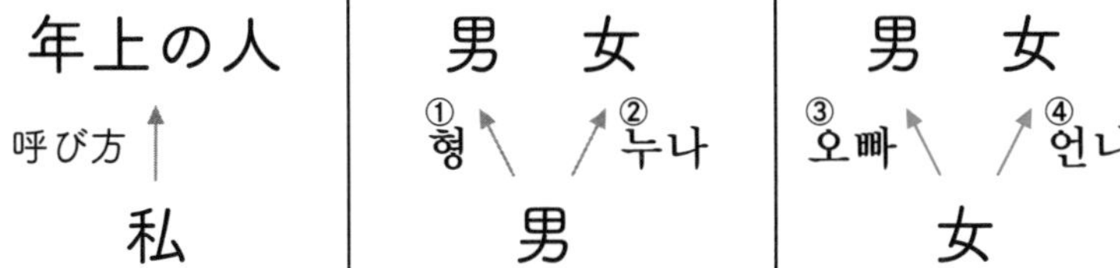

相手が年上の場合、「**오빠／형**（お兄さん）」や「**언니／누나**（お姉さん）」のほかに、「**선배**（先輩）」とも呼びます。名前の後ろにつけて、○○ **오빠**、○○ **형**、○○ **언니**、○○ **누나**、○○ **선배**と呼ぶことも多いです。

また、名称の後ろに「**님**」をつけることで丁寧な呼び方になります。

例 4-7

①**선생님**（先生）　②**부모님**（両親）　③**선배님**（先輩）
④**사장님**（社長）　⑤**기사님**（運転手）

同い年や年下の親しい人への呼び方

初めて会う人に対しては「**씨**」をつけて呼びますが、同い年や年下の人に限って、仲良くなった場合は相手のことを「**씨**」の代わりに別の言葉をつけて親しみを持って呼ぶことができます。

この場合、呼ぶ人や相手の性別は気にしなくても良いですが、名前の最後の文字にパッチムがあるかないかによって、つく言葉が変わります。

4-8

名前の最後の文字	ルール	例
パッチムなし	名前＋야	현우야, 예리야, 우주야
パッチムあり	名前＋아	유정아, 동은아, 기석아

名前が主語になるとき

名前が主語になるときも、形が少し変化します。名前の最後の文字にパッチムがないときは形は変わりませんが、名前の最後の文字にパッチムがある場合は名前の後ろに「**이**」をつけます。

例 4-9

①**지수**（名前）→**지수**
지수가 울어요.（ジスが泣きます。）

②**도건**（名前）→**도건이**
도건이가 웃어요.（ドゴンが笑います。）

家族の呼び方

家族の呼び方については決まった呼び方があるので、次の表をそのまま覚えましょう。

4-10

①	**할머니**	おばあさん	⑥	**누나**（男→女）	お姉さん
②	**할아버지**	おじいさん	⑦	**오빠**（女→男）	お兄さん
③	**어머니**（엄마*）	お母さん	⑧	**형**（男→男）	お兄さん
④	**아버지**（아빠*）	お父さん	⑨	**여동생**	妹
⑤	**언니**（女→女）	お姉さん	⑩	**남동생**	弟

※「**엄마**」「**아빠**」は「**어머니**」「**아버지**」よりカジュアルな呼び方で、日本での「ママ」「パパ」に近いですが、韓国では大人でも「**엄마**」「**아빠**」と呼ぶ人が多いです。
「**여동생**」と「**남동생**」を合わせて「**동생**」とも言います。

時間に関する言葉

時間に関する言葉も、次の表をそのまま覚えましょう。

4-11

①	그저께	一昨日	⑪	언제	いつ
②	어제	昨日	⑫	몇 월	何月
③	오늘	今日	⑬	며칠	何日
④	내일	明日	⑭	무슨 요일	何曜日
⑤	모레	明後日	⑮	작년［장년］※	去年
⑥	평일	平日	⑯	올해	今年
⑦	주말	週末	⑰	내년	来年
⑧	지난주	先週	⑱	지난달	先月
⑨	이번 주	今週	⑲	이번 달	今月
⑩	다음 주	来週	⑳	다음 달	来月

※작년は鼻音化されて［장년］と発音するので注意
（鼻音化については204ページ参照）。

work

🔊 4-12

日本語の下線部を、韓国語（述語はヘヨ体）で書いてみましょう。

① ＿＿＿ 한국 드라마를 ＿＿＿＿.
昨日韓国のドラマを見ました。 【ヒント】보다（見る）

② ＿＿는 일본인＿＿＿＿.
私は日本人です。

③ ＿＿＿은 화요일이에요.
今日は火曜日です。
＿＿＿는 목요일이에요.
明後日は木曜日です。

④ ＿＿＿가 할게요.
私たちがします。

⑤ ＿＿＿에는 ＿＿＿＿.
平日は仕事します。 【ヒント】일하다（仕事する）

⑥ ＿＿＿에 한국으로 여행 ＿＿＿.
来年に韓国に旅行に行きます。 【ヒント】가다（行く）

⑦ ＿＿ 고향은 교토＿＿＿.
私の故郷は京都です。

work答え ①어제/봤어요 ②저/이에요 ③오늘/모레 ④저희 ⑤평일/일해요 ⑥내년/가요 ⑦제/예요

2 助詞

パッチムの有無によって変わる助詞

韓国語にも、日本語と同じように助詞があります。日本語と韓国語は語順がほぼ同じなので、助詞はそのまま覚えてしまいましょう。

ただし、いくつかの助詞は、前の文字にパッチムがあるかないかによって、形が少し変わります。

4-13

	助詞の前の文字にパッチムがないとき	助詞の前の文字にパッチムがあるとき
① ～が	가	이
② ～は	는	은
③ ～を	를	을
④ ～に ～へ	로（方向）	으로（方向）
⑤ ～も	나	이나
⑥ ～と	랑	이랑
⑦ ～と※	와	과

※「와/과」は主に文語で使われます。

check!

左ページの表の助詞を、例文で確認していきましょう！

4-14

① ～が（가/이） ※口語では省略されることが多いです

パッチム×：한국인 친구/가/ 있어요.
韓国人の友達/が/います。

パッチム○：여동생/이/ 있어요.
妹/が/います。

② ～は（는/은） ※口語では省略されることが多いです

パッチム×：한국어 공부/는/ 재미있어요.
韓国人の勉強/は/面白いです。

パッチム○：치킨/은/맛있어요.
チキン/は/美味しいです。

③ ～を（를/을） ※口語では省略されることが多いです

パッチム×：빙수/를/ 먹어요.
かき氷/を/食べます。

パッチム○：술/을/ 마셔요.
お酒/を/飲みます。

名詞の最後の文字に
パッチムがあるとき
助詞はほとんど「ㅇ」で始まる！
「이」「은」「을」「으로」「이나」「이랑」
覚えやすいよね♪

이
은
을
으로
이나
이랑

④ ～に、～へ（로/으로） ※方向

パッチム×：프랑스/로/ 가요.
フランス/に/行きます。

パッチム○：앞/으로/ 가요.
前/に/行きます。

⑤ ～も（나/이나）

パッチム×：사과가 열 개/나/ 있어요.
リンゴが10個/も/あります。

パッチム○：손님이 백 명/이나/ 왔어요.
お客様が100人/も/来ました。

⑥ ～と（랑/이랑）

パッチム×：친구/랑/ 놀아요.
友達/と/遊びます。

パッチム○：밥/이랑/ 먹어요.
ご飯/と/食べます。

⑦ ～と（와/과） ※主に文語で使われます

パッチム×：친구/와/ 전화해요.
友達/と/電話します。

パッチム○：선생님/과/ 이야기해요.
先生/と/話します。

work

日本語の下線部を、韓国語で書いてみましょう。 4-15

① 뒤(　) 가세요. （後ろに行ってください。）

② 우산(　) 없어요. （傘がないです。）

③ 라면(　) 먹었어요. （ラーメンを食べました。）

④ 남동생(　　) 왔어요. （弟と来ました。）

⑤ 제주도(　) 여행 갈 거예요.
（済州島に旅行に行きます。）

⑥ 저(　) 학생이에요. （私は学生です。）

⑦ 지금(　) 바빠요. （今は忙しいです。）

⑧ 햄버거(　) 열 개(　) 먹었어요.
（ハンバーガーを10個も食べました。）

work答え　①로　②이　③을　④이랑　⑤로　⑥는　⑦은　⑧를/나

パッチムの有無によって変わらない助詞

パッチムの有無にかかわらず、常に変わらない助詞があります。

会話でよく使うものを下の表にまとめましたので、これもそのまま覚えてしまいましょう。

4-16

①	～と	하고
②	～も	도
③	～しか	밖에
④	～だけ	만
⑤	～に（人や動物）	한테
⑥	～に（植物や無生物）	에
⑦	～に（場所）	에
⑧	～で（場所）	에서
⑨	～から（時）	부터
⑩	～から（場所）	에서
⑪	～まで（時間・場所）	까지
⑫	～より	보다

check!

左ページの表の助詞を、例文で確認していきましょう！

4-17

① ～と(하고)

パッチム×：친구/하고/ 놀아요.
友達/と/遊びます。

パッチム○：남동생/하고/ 이야기해요.
弟/と/話します。

※「～と」は「랑/이랑」「와/과」「하고」のようにいろいろな言い方がありますが、「와/과」は文語でよく使われ、ネイティブは会話では「랑/이랑」や「하고」をよく使うので、これらを優先的に覚えましょう！

② ～も(도)

パッチム×：저/도/ 주부예요.
私/も/主婦(主夫)です。

パッチム○：빵/도/ 먹었어요.
パン/も/食べました。

③ ～しか(밖에)

パッチム×：저/밖에/ 없어요.
私/しか/いないです。

パッチム○：물/밖에/ 없어요.
お水/しか/ないです。

④ ～だけ（만）

パッチム×：한국 노래/만/ 들어요.
韓国の歌/だけ/聴きます。

パッチム○：성격/만/ 좋아요.
性格/だけ/良いです。

⑤ ～に（人や動物）（한테）

パッチム×：강아지/한테/ 간식/을/ 줘요.
ワンちゃん/に/おやつ/を/あげます。

パッチム○：형/한테/ 질문해요.
お兄さん/に/質問します。

⑥ ～に（植物や無生物）（에）

パッチム×：책상 위/에/ 책/이/ 있어요.
机の上/に/本/が/あります。

パッチム○：꽃/에/ 물/을/ 줘요.
花/に/水/を/あげます。

⑦ ～に（場所）（에） ※口語では省略されることが多いです

パッチム×：도쿄/에/ 살아요.
東京/に/住んでいます。

パッチム○：서울/에/ 살아요？
ソウル/に/住んでいますか？

⑧ ～で（에서）

パッチム×：시부야/에서/ 만나요.
渋谷/で/会いましょう。

パッチム○：도서관/에서/ 공부해요.
図書館/で/勉強します。

⑨ ～から（時間）（부터）

パッチム×：어제/부터/ 아파요.
昨日/から/痛いです。

パッチム○：내일/부터/ 운동할 거예요.
明日/から/運動します。

⑩ ～から（場所）（에서）

パッチム×：홋카이도/에서/ 오키나와/까지/ 가요.
北海道/から/沖縄/まで/行きます。

パッチム○：일본/에서/ 왔어요.
日本/から/来ました。

⑪ ～まで（時間・場所）（까지）

パッチム×：여섯 시/까지/ 일해요.
6時/まで/仕事します。

パッチム○：강남/까지/ 멀어요?
カンナム/まで/遠いですか？

⑫ ～より（보다）

パッチム×：언니/보다/ 어려요.
お姉さん/より/若いです。

パッチム○：귤/은/ 수박/보다/ 작아요.
みかん/は/スイカ/より/小さいです。

check!

注意したい助詞

基本的には、助詞はそのまま日本語から韓国語に変えるだけで良いのですが、一部、そのままでは違和感のある表現になるものもあります。代表的なものを紹介しましょう。

① ～に会います(를/을 만나요) 4-18

日本語の助詞「～に」にあたる韓国語は「**에**」や「**한테**」ですが、「～に会います」を韓国語で言う場合は、「**를/을**」を使います。

例 パッチム×：**친구/를/ 만나요.**
友達/に/会います。

パッチム○：**가족/을/ 만나요.**
家族/に/会います。

② ～が好きです(를/을 좋아해요 or 가/이 좋아요) 4-19

「～が好きです」は韓国語で２つのパターンがあります。

1．를/을 좋아해요(～が好きです)

日本語の「～が」をそのまま使い「**가 좋아해요**」と間違いやすいので注意しましょう。「**좋아해요**」の場合は、「**를/을**」を使います。

例 パッチム×：**피자/를/ 좋아해요.**
ピザ/が/好きです。

パッチム○：**치킨/을/ 좋아해요.**
チキン/が/好きです。

2．가/이 좋아요（～が好きです／～が良いです／～のほうが好きです）

同じ「～が好きです」でも、「**좋아요**」の場合は「**가/이**」を使います。「**가/이 좋아요**」は「～が良いです」「～のほうが好きです」という意味もあります。

例 パッチム×：**피자/가/ 좋아요.**
ピザ/が/好きです。

날씨/가/ 좋아요.
天気/が/良いです。

우유/가/ 좋아요. ※2つ以上ある場合
牛乳（のほう）/が/好きです。

パッチム○：**치킨/이/ 좋아요.**
チキン/が/好きです。

질/이/ 좋아요.
質/が/良いです。

라면/이/ 좋아요. ※2つ以上ある場合
ラーメン（のほう）/が/良いです。

work

日本語の下線部を、韓国語で書いてみましょう。 4-20

① 요즘 한국 드라마( ) 좋아요.
（最近韓国のドラマが好きです。）

② 친구( ) 전화( ) 해요. （友達に電話をします。）

③ 오키나와( ) 홋카이도( ) 멀어요?
（沖縄から北海道まで遠いですか？）

④ 하라주쿠( ) 만나요. （原宿で会いましょう。）

⑤ 병원( ) 가고 있어요. （病院に行っています。）

⑥ 수박( ) 레몬( ) 달아요. （スイカはレモンより甘いです。）

⑦ 고양이( ) 물을 줘요. （猫にお水をあげます。）

⑧ 카페( ) 커피( ) 마셔요.
（カフェでコーヒーを飲みます。）

⑨ 내일 한국인 친구( ) 일본( ) 와요.
（明日韓国人の友達が日本に来ます。）

work答え ①가 ②한테/를 ③에서/까지 ④에서 ⑤에 ⑥은/보다
⑦한테 ⑧에서/를 ⑨가/에

Chapter 5

数詞

Chapter 5 では、日付、時間、番号、数など、生活で欠かせない数詞について勉強していきましょう。

1

漢数詞と固有数詞

2つの数詞の数え方

日本語に、「いち、に、さん……」「ひとつ、ふたつ、みっつ……」と2つの数の数え方があるように、韓国語も数詞の数え方は2つあります。

日本語の「いち、に、さん……」にあたるものが漢数詞で「**일, 이, 삼**……」と数え、「ひとつ、ふたつ、みっつ……」にあたるものが固有数詞で「**하나, 둘, 셋**……」と数えます。

韓国語では、「人数、回数、時間は固有数詞」「分と秒は漢数詞」を使います。その他は、いつ漢数詞を使い、いつ固有数詞を使うのかは、基本的に日本語と同じと考えて良いでしょう。

人数、回数、時間 → 固有数詞　　分・秒 → 漢数詞

5-1

	0	1	2	3	4	5	6	7	8	9	10
漢数詞	영, 공（零）	일（一）	이（二）	삼（三）	사（四）	오（五）	육（六）	칠（七）	팔（八）	구（九）	십（十）
固有数詞	なし	하나	둘	셋	넷	다섯	여섯	일곱	여덟	아홉	열

漢数詞

11以上の数詞は一度漢字にしたあと、漢数詞に置き換えるとわかりやすいでしょう。

例 5-2

11＝十一　＝**십일**

25＝二十五＝**이십오**

30＝三十　＝**삼십**

パズルみたいに
それぞれ
組み合わせると
簡単！
十 三
십 삼

また、「百」「千」「万」は漢数詞のみです。

5-3

百	千	万
백	천	만

check!

「16」「26」……＆「1万」「1000万」は要注意！

십육(16)や**이십육**(26)など2桁以上の数字の一の位(くらい)が「6」の場合、連音化という発音規則により［시븍］［이시븍］になるはずですが、数字を数えるときは例外的に、下記のように発音が変わるので注意しましょう（※発音規則についてはChapter10を参照）。

例 5-4

십육(16)　［시븍］×　［심뉵］〇

이십육(26)　［이시븍］×　［이심뉵］〇

また、日本語では10,000を「いちまん」と読みますが、韓国語では「**일**（いち）」をつけずに「**만**」と言います。同じく、「一千万」も「**천만**（千万）」と言います。

例 5-5

20,000＝二万　＝**이만**
12,000＝一万二千＝**만 이천**（○）/**일만 이천**（×）
32,000＝三万二千＝**삼만 이천**
1,800＝千八百　＝**천팔백**
5,000＝五千　＝**오천**

check!

漢数詞はいつ使う？ 5-6

日付、値段、番号、身長（cm）、体重（kg）、階数を表すときなどに使います。

日本語	韓国語	例
＿＿年＿月＿日	＿＿년＿월＿일	이천이십오 년 오월 십이일（2025年 5月 12日）
ウォン	원	만 원（10,000ウォン）
番	번	팔십일 번（81番）
階	층	삼 층（3階）
cm	센티미터	백육십칠 센티미터（167cm）
kg	킬로그램	사십구 킬로그램（49kg）

work

次の数詞の読み方を韓国語で書いてみましょう（単位は左ページの表を参照）。 5-7

① 2024年 ______

② 15,000ウォン ______

③ 29番 ______

④ 5階 ______

⑤ 12月25日 ______

work答え ①이천이십사 년 ②만 오천 원 ③이십구 번 ④오 층 ⑤십이월 이십오일

固有数詞

固有数詞は主に時間の「●時」や年齢、人数や個数など何かを数える際に使います。 5-8

1	2	3	4	5	6	7	8	9	10
하나 (한)	둘 (두)	셋 (세)	넷 (네)	다섯	여섯	일곱	여덟	아홉	열
11	12	13	14	15	16	17	18	19	20
열하나	열둘	열셋	열넷	열다섯	열여섯	열일곱	열여덟	열아홉	스물 (스무)
21	30	40	50	60	70	80	90		
스물하나	서른	마흔	쉰	예순	일흔	여든	아흔		

※固有数詞の後ろに単位(例:〜歳、〜個、〜人、〜時など)がくる場合は「1、2、3、4」が一の位にくるときと「20」のみ、赤い文字で書いているほうを使います。

例 5-9

1個　한 개(○)　하나 개(×)
2人　두 명(○)　둘 명(×)
3時　세 시(○)　셋 시(×)
4回　네 번(○)　넷 번(×)
20歳　스무 살(○)　스물 살(×)
23個　스물세 개(○)　스물셋 개(×)

固有数詞も、10の位(くらい)以上からは漢数詞のようにそのまま2つの読み方をくっつけて読みます。また、100、1000、10000以上からは漢数詞と同じく백、천、만と言います。

例 5-10

11 = 열하나
23 = 스물셋
35 = 서른다섯

check!

年齢の言い方

日本語の「〜歳」にあたる韓国語は「살」です。

15살(15歳)の場合、固有数詞を使って열다섯 살と言います。십오 살(×)とは言いません。

ただ、20살（20歳）の場合は注意が必要です。20を固有数詞で読むと「스물」ですが、「歳」という単位がつくため、89ページの表の赤い文字の「스무」を使い、「스무 살（20歳）」となります。스물 살（×）、이십 살（×）とは言いません。

また、21살（21歳）の場合は、21＝스물하나ですが、後ろに単位がくるため、스물한 살になります。

work

次の表は数えるときの単位です。この表を参考にして、下記の日本語をハングルで書いてみましょう。 5-11

～歳	～個	～人	～時	～本	～杯	～枚	～冊	～回
살	개	명	시	병	잔	장	권	번

① 10個 ＿＿＿＿＿＿
② 5本 ＿＿＿＿＿＿
③ 4人 ＿＿＿＿＿＿
④ 11時 ＿＿＿＿＿＿
⑤ 26歳 ＿＿＿＿＿＿
⑥ 1枚 ＿＿＿＿＿＿
⑦ 7個 ＿＿＿＿＿＿
⑧ 9回 ＿＿＿＿＿＿
⑨ 12冊 ＿＿＿＿＿＿

work答え ①열 개 ②다섯 병 ③네 명 ④열한 시 ⑤스물여섯 살
⑥한 장 ⑦일곱 개 ⑧아홉 번 ⑨열두 권

2 日付

日付は漢数詞

日付はすべて漢数詞を使いますが、発音だけ少し気をつけないといけない部分があるので注意しましょう。

5-12

	년（年）	월（月）	일（日）
例	2024년	12월	25일
読み方	이천이십사 년	십이월	이십오일

1월（1月）	2월（2月）	3월（3月）	4월（4月）	5월（5月）	6월（6月）
일월［이뤌］	이월［이월］	삼월［사뭘］	사월［사월］	오월［오월］	유월［유월］
7월（7月）	**8월（8月）**	**9월（9月）**	**10월（10月）**	**11월（11月）**	**12월（12月）**
칠월［치뤌］	팔월［파뤌］	구월［구월］	시월［시월］	십일월［시비뤌］	십이월［시비월］

check!

6月と10月

5-13

6月と10月のみ数字のパッチムが脱落します。

6月 **유월**（○） **육월**（×）　10月 **시월**（○） **십월**（×）

16日と26日

5-14

16日と26日も、87ページで学んだように発音に注意しましょう。

16日 **십육일〔심뉴길〕**　26日 **이십육일〔이심뉴길〕**

work

次の日付を韓国語で書いてみましょう。

5-15

例 11月20日 ：십일월 이십일
3월 14일 ：삼월 십사일

① 1月3日 ＿＿＿＿＿＿＿＿

② 6月2日 ＿＿＿＿＿＿＿＿

③ 5月1日 ＿＿＿＿＿＿＿＿

④ 9月16日 ＿＿＿＿＿＿＿＿

⑤ 8月8日 ＿＿＿＿＿＿＿＿

work答え ①일월 삼일 ②유월 이일 ③오월 일일 ④구월 십육일 ⑤팔월 팔일

3 時間

時間は固有数詞と漢数詞どちらも使う

時間は、「分」と「秒」は漢数詞を使い、「時」のみ固有数詞を使うので、注意しましょう。

5-16

	시（時）	분（分）	초（秒）
数詞の種類	固有数詞	漢数詞	漢数詞
例	5시	20분	30초
読み方	다섯 시	이십 분	삼십 초

「30分」は、日本語の「半」のように韓国語でも「30분」の代わりに「반」とも言います。

例 

1時30分

⇒「한 시 삼십 분」

1時半

⇒「한 시 반」

work

次の時間を韓国語で書いてみましょう。 5-18

① 1時25分 ______ 시 ________ 분

② 5時10分 ______ 시 ________ 분

③ 3時30分 ______ 시 ________ 분

④ 4時24分 ______ 시 ________ 분

work答え ①한/이십오 ②다섯/십 ③세/삼십 ④네/이십사

応用編

Chapter 6

ヘヨ体の否定、可能・不可能と変則活用

Chapter 6では、ヘヨ体の否定、可能・不可能の表現とともに、変則活用について学びます。

よく耳にする「**예뻐요**」（綺麗です）や「**귀여워요**」（可愛いです）も原形の「**예쁘다**」「**귀엽다**」が変則活用した形です。原形からどのように変化したのか、ルールと一緒に学んでいきましょう！

1 ヘヨ体の否定形

「名詞+이다(〜だ)」の場合

名詞に「가/이 아니다」がつくと、「〜ではない」という意味になります。ヘヨ体は「가/이 아니에요」です。

6-1

名詞の最後の文字	ルール	例文
パッチムなし	名詞+가 아니에요	친구가 아니에요. (友達ではありません。) 의사가 아니에요. (医者ではありません。)
パッチムあり	名詞+이 아니에요	한국 사람이 아니에요. (韓国人ではありません。) 책상이 아니에요. (机ではありません。)

動詞や形容詞の場合

動詞と形容詞の否定形には、2つのパターンがあります。

①「안」否定

ヘヨ体でもパンマルでも、動詞や形容詞の前に「안」を置くと否定の意味になります。日常会話で最もよく使う否定の形です。

例 6-2

먹다（食べる）→ 안 먹어요（食べません）

보다（見る）→ 안 봐요（見ません）

마시다（飲む）→ 안 마셔요（飲みません）

친절하다（親切だ）→ 안 친절해요（親切ではありません）

check!

「하다」で終わる動詞の場合 6-3

「運動する」など「名詞＋하다（する）」の動詞の否定は、「名詞＋안＋하다」のように「하다」の前に「안」を置きます。ヘヨ体は「하다」が「해요」になります。

例

운동하다（運動する）→ 운동 안 해요（運動しません）

청소하다（掃除する）→ 청소 안 해요（掃除しません）

②「−지 않다」否定

語幹に「−지 않다」をつけても否定形になります。ヘヨ体の否定形は語幹に「−지 않아요」をつけます。

例 6-4

바쁘다（忙しい）→ 바쁘지 않아요（忙しくありません）

친절하다（親切だ）→ 친절하지 않아요（親切ではありません）

사랑하다（愛する）→ 사랑하지 않아（愛していない）

check!

「안」否定を使うと不自然な場合がある 6-5

一般的に日常会話では「-지 않다」否定より「안」否定をよく使いますが、いくつかの単語に限っては「안」否定は不自然な場合があります。

①反対語が存在する場合

있다（いる・ある） ⟷ 없다（いない・ない）（○）

안 있다（×）　안 없다（×）

알다（知る・わかる） ⟷ 모르다（知らない・わからない）（○）

안 알다（×）　안 모르다（×）

②語幹が3字以上の形容詞の場合

아름답다（美しい）
- 아름답지 않다（美しくない）（○）
- 안 아름답다（×）

사랑스럽다（愛らしい）
- 사랑스럽지 않다（愛らしくない）（○）
- 안 사랑스럽다（×）

work

次の原形をヘヨ体の否定形に変えてみましょう。 6-6

1.「안」を使った否定形

①보다（見る） → ＿＿＿＿＿＿（見ません）

②울다（泣く） → ＿＿＿＿＿＿（泣きません）

③따뜻하다（温かい） → ＿＿＿＿＿＿
（温かくありません）

④공부하다（勉強する） → ＿＿＿＿＿＿
（勉強しません）

2.「-지 않다」を使った否定形

⑤귀엽다（可愛い） → ＿＿＿＿＿＿
（可愛くありません）

⑥가다（行く） → ＿＿＿＿＿＿
（行きません）

⑦행복하다（幸せだ） → ＿＿＿＿＿＿
（幸せではありません）

work答え　①안 봐요　②안 울어요　③안 따뜻해요　④공부 안 해요
⑤귀엽지 않아요　⑥가지 않아요　⑦행복하지 않아요

2 ヘヨ体の可能・不可能

-ㄹ/을 수 있다(～することができる)
-ㄹ/을 수 없다(～することができない)

能力や可能・不可能を表す表現で、ヘヨ体は「-ㄹ/을 수 있어요」「-ㄹ/을 수 없어요」となります。

6-7

語幹末	ルール	例文
パッチムなし	語幹 +ㄹ 수 있다/없다	하다 → 할 수 있어요 (する)　(することができます) 마시다 → 마실 수 없어요 (飲む)　(飲むことができません)
パッチムあり	語幹 +을 수 있다/없다	먹다 → 먹을 수 있어요 (食べる)　(食べることができます) 읽다 → 읽을 수 없어요 (読む)　(読むことができません)
パッチムがㄹ	語幹 +수 있다/없다	만들다 → 만들 수 있어요 (つくる)　(つくることができます) 살다 → 살 수 없어요 (住む)　(住むことができません)

work

6-8

次の原形をヘヨ体の可能形・不可能形にしてみましょう。

	可能		不可能
①말하다 → （言う）	＿＿＿＿＿＿ （言うことができます）	/	＿＿＿＿＿＿ （言うことができません）
②먹다 → （食べる）	＿＿＿＿＿＿ （食べられます）	/	＿＿＿＿＿＿ （食べられません）
③한글을 쓰다 → （ハングルを書く）	＿＿＿＿＿＿ （ハングルを書けます）	/	＿＿＿＿＿＿ （ハングルを書けません）
④놀다 → （遊ぶ）	＿＿＿＿＿＿ （遊ぶことができます）	/	＿＿＿＿＿＿ （遊ぶことができません）

work答え ①말할 수 있어요/말할 수 없어요 ②먹을 수 있어요/먹을 수 없어요
③한글을 쓸 수 있어요/한글을 쓸 수 없어요
④놀 수 있어요/놀 수 없어요

−ㄹ/을 줄 알다（〜する方法がわかる）
−ㄹ/을 줄 모르다（〜する方法がわからない）

「−ㄹ/을 수 있다」「−ㄹ/을 수 없다」と同じ「〜することができる」「〜することができない」という意味の可能・不可能を表す表現ですが、「−ㄹ/을 줄 알다」「−ㄹ/을 줄 모르다」は、「〜する方法がわかる」「〜する方法がわからない」というニュアンスが含まれます。

6-9

語幹末	ルール	例文
パッチムなし	語幹 +ㄹ 줄 알다/모르다	마시다 → 마실 줄 알아요 （飲む）　（飲めます） ＝飲む方法を知っています 하다 → 할 줄 몰라요 （する）　（できません） ＝する方法を知りません
パッチムあり	語幹 +을 줄 알다/모르다	먹다 → 먹을 줄 알아요 （食べる）　（食べられます） ＝食べる方法を知っています
パッチムがㄹ	語幹 +줄 알다/모르다	만들다 → 만들 줄 알아요 （つくる）　（つくれます） ＝つくる方法を知っています

check!

①「－ㄹ/을 수 있다」「－ㄹ/을 수 없다」vs ②「－ㄹ/을 줄 알다」「－ㄹ/을 줄 모르다」の違いは？

①と②は同じ意味ですが、①は「環境による可能性の有無」について言うときにも使えます。②は使えません。そのため、①の表現のほうが、より幅広く使えます。

例　6-10

①能力に関しては両方とも使える

한국어 공부를 했어요. 한국어를 읽을 수 있어요.（○）

한국어 공부를 했어요. 한국어를 읽을 줄 알아요.（○）

（韓国語の勉強をしました。韓国語が読むことができます。）

②環境による可能性に関しては「－ㄹ/을 수 있다」「－ㄹ/을 수 없다」のみ使える

오늘은 휴일이에요. 친구를 만날 수 있어요.（○）

오늘은 휴일이에요. 친구를 만날 줄 알아요.（×）

（今日は休みです。友達に会うことができます。）

나 게임할 줄 알아!
예전에 해 봤어.
（私、ゲームできる！
前にしたことがあるんだ。）

→前にしたことがあり、ゲームの仕方がわかる＝能力

나 게임할 수 있어!
오늘 쉬는 날이야.
（私、ゲームできる！
今日休日なんだ。）

→休日なのでゲームするという行動ができる＝環境

－ㄹ/을 수 있다
－ㄹ/을 수 없다
環境

－ㄹ/을 줄 알다
－ㄹ/을 줄 모르다
能力

「－ㄹ/을 줄 알다」「－ㄹ/을 줄 모르다」を使って、ヘヨ体の可能形・不可能形にしてみましょう。 6-11

	可能		不可能
①만들다 → （つくる）	＿＿＿＿ （つくることができます）	/	＿＿＿＿ （つくることができません）
②읽다 → （読む）	＿＿＿＿ （読むことができます）	/	＿＿＿＿ （読むことができません）

③하다 → ＿＿＿＿＿＿＿＿ / ＿＿＿＿＿＿＿＿
（する）（することができます）（することができません）

work答え ①만들 줄 알아요/만들 줄 몰라요 ②읽을 줄 알아요/읽을 줄 몰라요 ③할 줄 알아요/할 줄 몰라요

못+動詞（～できない）

動詞の前に「못」を置くだけで「～できない」という意味になります。不可能を表す表現はたくさんありますが、「못」を使った否定形が会話で一番よく使われます。

못＋動詞

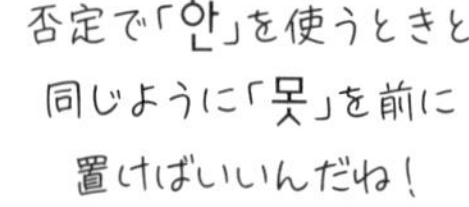

否定で「안」を使うときと
同じように「못」を前に
置けばいいんだね！

 例 6-12

마시다（飲む）→ 못 마셔요（飲めません）
자다（寝る）→ 못 자요（寝れません）
읽다（読む）→ 못 읽어요（読めません）

check!

「하다」で終わる動詞の場合 6-13

「運動する」など「名詞＋하다（する）」の動詞の不可能は、「名詞＋못＋하다」のように、「하다」の前に「못」を置きます。ヘヨ体は「하다」が「해요」になります。

운전하다（運転する）→ 운전 못 해요（運転できません）

다이어트하다 → 다이어트 못 해요
（ダイエットする）　（ダイエットできません）

check!

分かち書きで意味が変わることがある

「못＋하다」（できません）は、分かち書きするかしないかによって意味が変わるので、注意しましょう！

例

못해요（できません）→ 自分の能力が足りなくてできない。
（＝下手だ、上手ではない）

못 해요（できません）→ 外部の環境が原因でできない。

–지 못하다（～できない）

語幹末のパッチムの有無に関係なく、語幹に「–지 못하다」をつけるだけで「～できない」という意味になります。この形は、会話より文語でよく使われます。ヘヨ体は「–지 못해요」になります。

語幹＋지 못하다

例　6-14

만들다（つくる）→ 만들지 못해요（つくれません）

만나다（会う）→ 만나지 못해요（会えません）

운동하다（運動する）→ 운동하지 못해요（運動できません）

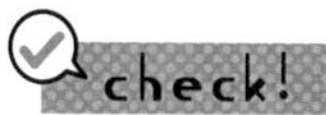

ネイティブがよく使う言葉

ネイティブは日常会話では「-ㄹ/을 수 있어요?」(～できますか？)に対して、否定するときは「-ㄹ/을 수 없어요」より「못＋ヘヨ体」(～できません)と答えることが多いです。これはセットで覚えてしまいましょう。

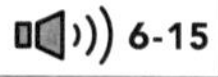

work

次の原形をヘヨ体の不可能形にしてみましょう。 6-16

1.「못」を使った不可能

①수영을 하다 → ＿＿＿＿＿＿＿＿
(水泳をする)　(水泳ができません)

②술을 마시다 → ＿＿＿＿＿＿＿＿
(お酒を飲む)　(お酒を飲めません)

③프랑스어를 읽다 (フランス語を読む)

→ ＿＿＿＿＿＿＿＿ (フランス語を読めません)

2.「−지 못하다」を使った不可能

④말하다（言う）　→ ＿＿＿＿＿＿＿＿
（言えません）

⑤걷다（歩く）　→ ＿＿＿＿＿＿＿＿
（歩けません）

⑥일어나다（起きる）　→ ＿＿＿＿＿＿＿＿
（起きれません）

work答え　①수영을 못 해요　②술을 못 마셔요　③프랑스어를 못 읽어요
④말하지 못해요　⑤걷지 못해요　⑥일어나지 못해요

3 変則活用

基本のルールに沿わない活用

基礎編では、単語の原形がルールに沿って「ヘヨ体」に変わることを勉強しました。しかし、いくつかの単語は、特別なルールに沿って活用します。これを、「変則活用」と言います。

귀여워요（可愛いです）、**들어요**（聞きます）、**몰라요**（わかりません）、**나아요**（治ります）、**어때요?**（どうですか？）、**삽니다**（住みます）など、日常会話でよく使う言葉は変則活用していることが多いので、ヘヨ体の変則活用のルールについて学んでいきましょう。

ㄷ変則

語幹末のパッチムが「ㄷ」の動詞の後ろに「아/어/으」のように母音で始まる語尾がつく場合、パッチム「ㄷ」は「ㄹ」に変わります。

例 6-17

듣다+어요 → 들어요（聞きます）

듣다+으면 → 들으면（聞いたら）

듣다+고 → 듣고（聞いて）

語尾「고」は
子音で始まるので
変則活用しません

check!

例外で規則活用する単語 6-18

닫다(閉める)、받다(もらう)、믿다(信じる)は例外で、パッチム「ㄷ」が「ㄹ」に変わることはなく、下記のように規則活用します。この３つは規則活用すると、覚えてしまいましょう。

닫다(閉める) → 닫아요(閉めます)

받다(もらう) → 받아요(もらいます)

믿다(信じる) → 믿어요(信じます)

work

次の原形をヘヨ体（現在時制）にしてみましょう。 6-19

①듣다(聞く) → __________ (聞きます)

②묻다(尋ねる) → __________ (尋ねます)

③걷다(歩く) → __________ (歩きます)

work答え ①들어요 ②물어요 ③걸어요

ㅂ変則

語幹末のパッチムが「ㅂ」で、その後ろに「아/어/으」のように母音で始まる語尾がつく場合、パッチム「ㅂ」は「ㅜ」に変わります。

덥다+어요 → 더우+어요 → 더워요（暑いです）

ポンッと入る！

덥다+으면 → 더우+으면 → 더우면（暑ければ）

덥다+어서 → 더우+어서 → 더워서（暑いので）

덥다+고 → 덥고（暑くて）

語尾「고」は子音で始まるので変則活用しません

check!

例外＆規則活用する単語 6-21

돕다（助ける）と곱다（綺麗だ）は例外的に、パッチム「ㅂ」が「ㅜ」ではなく「ㅗ」に変わります。そのため、ヘヨ体は도와요（助けます）、고와요（綺麗です）になります。また、입다（着る）と좁다（狭い）は語幹末のパッチムが「ㅂ」ですが、規則活用します。

돕다（助ける）→ 도와요（助けます）　입다（着る）→ 입어요（着ます）

좁다（狭い）→ 좁아요（狭いです）

work

次の原形をヘヨ体（現在時制）にしてみましょう。 6-22

①차갑다（冷たい）→ ＿＿＿＿＿＿（冷たいです）

②맵다（辛い）→ ＿＿＿＿＿＿（辛いです）

③귀엽다（可愛い） → ＿＿＿＿＿＿ （可愛いです）

④어렵다（難しい） → ＿＿＿＿＿＿ （難しいです）

⑤쉽다（簡単だ） → ＿＿＿＿＿ （簡単です）

work答え ①차가워요 ②매워요 ③귀여워요 ④어려워요 ⑤쉬워요

ㅅ変則

語幹末のパッチムが「ㅅ」で、その後ろに「아/어/으」のように母音で始まる語尾がつく場合、パッチム「ㅅ」は脱落します。

例 6-23

낫다+아요 → 나아요（治ります）

낫다+으니까 → 나으니까（治るので）

짓다+어요 → 지어요（建てます）

짓다+습니다 → 짓습니다（建てます）

語尾「-습니다」は
子音で始まるので
変則活用しません

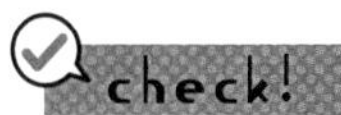

例外で規則活用する単語　6-24

「벗다」(脱ぐ)、「씻다」(洗う)、「웃다」(笑う)はパッチムが「ㅅ」ですが、下記のように規則活用します。

벗다(脱ぐ) → 벗어요(脱ぎます)
씻다(洗う) → 씻어요(洗います)
웃다(笑う) → 웃어요(笑います)

work

次の原形をヘヨ体(現在時制)にしてみましょう。　6-25

①낫다(治る) → ＿＿＿＿＿ (治ります)

②웃다(笑う) → ＿＿＿＿＿ (笑います)

work答え　①나아요　②웃어요

ㅎ変則

語幹末のパッチムが「ㅎ」の形容詞は次のように3つのパターンで活用します。どのパターンの場合でも、活用するときパッチム「ㅎ」は脱落します。

6-26

❶語幹末の母音が「ㅏ, ㅓ, ㅑ」で、後ろに「아/어」で始まる語尾がつく場合、パッチム「ㅎ」は脱落し、語幹末の母音は「ㅐ, ㅒ」に変わります。

노랗다+아요→노래요（黄色いです）

그렇다+어요→그래요（そうです）

하얗다+아요→하얘요（白いです）

❷語幹末の母音が「ㅏ, ㅓ, ㅑ」で、後ろに「으」で始まる語尾がつく場合、パッチム「ㅎ」と語尾「으」は脱落します。

그렇다+으니까→그러니까（そうだから）

빨갛다+으면→빨가면（赤かったら）

check!

例外で規則活用する単語 6-27

놓다（置く）、넣다（入れる）、낳다（産む）は語幹末のパッチムが「ㅎ」ですが、下記のように規則活用します。

놓다（置く） → 놓아요（置きます）

넣다（入れる） → 넣어요（入れます）

낳다（産む） → 낳아요（産みます）

work

次の原形をヘヨ体（現在時制）にしてみましょう。 6-28

①노랗다（黄色い） → ________ （黄色いです）

②까맣다（黒い） → ________ （黒いです）

③그렇다（そうだ） → ________ （そうです）

④어떻다（どうだ） → ________ （どうです）

work答え ①노래요 ②까매요 ③그래요 ④어때요

르変則

語幹末が「르」で、後ろに「아/어」のように母音で始まる語尾がつく場合、「르」は脱落し、「ㄹㄹ」が追加されます。

また、「르」の前にある文字の母音によって後ろにつく語尾が変わります。「르」の前にある文字の母音が「ㅏ, ㅗ」の場合は「아」、それ以外の場合は「어」がつきます。

例 6-29

르の前の文字の母音がㅏ, ㅗ	르の前の文字の母音がㅏ, ㅗ以外
모르~~다~~+아요 → 몰라요（わからないです） +ㄹㄹ	배부르~~다~~+어요 → 배불러요（お腹いっぱいです） +ㄹㄹ
모르~~다~~+아서 → 몰라서（わからないので） +ㄹㄹ	배부르~~다~~+어서 → 배불러서（お腹いっぱいなので） +ㄹㄹ

모르~~다~~+면 → 모르면
（わからなかったら）

배부르~~다~~+면 → 배부르면
（お腹いっぱいなら）

語尾「-면」は子音で始まるので
変則活用しません

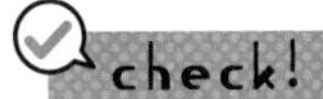

check!

「르」変則しない例外の単語 6-30

들르다（立ち寄る）、따르다（注ぐ）は「르」変則ではなく、「—」変則のルールに沿って活用します（「—」変則については118ページ参照）。

들르다（立ち寄る）
→ **들러요**（立ち寄ります）、**들러서**（立ち寄って）、**들르면**（立ち寄ったら）

따르다（注ぐ）
→ **따라요**（注ぎます）、**따라서**（注いで）、**따르면**（注いだら）

work

次の原形をへヨ体（現在時制）にしてみましょう。 6-31

①고르다（選ぶ） → ＿＿＿＿＿＿（選びます）

②다르다（違う） → ＿＿＿＿＿＿（違います）

③목마르다（喉が乾く） → ＿＿＿＿＿＿（喉が渇きます）

④빠르다（早い） → ＿＿＿＿＿＿（早いです）

⑤부르다（呼ぶ） → ＿＿＿＿＿＿（呼びます）

work答え　①골라요　②달라요　③목말라요　④빨라요　⑤불러요

「ー」変則

語幹末の母音が「ー」で、その後ろに「아/어」のように母音で始まる語尾がつく場合、「ー」が脱落します。

また、「ー」の前にある文字の母音によって後ろにつく語尾が変わります。「ー」の前にある文字の母音が「ㅏ, ㅗ」の場合は「아」、それ以外の場合は「어」がつきます。

ただし、「크다」のように「ー」が1文字目の場合は、母音が「ㅏ,ㅗ」以外の場合と同じように「어」で始まる語尾がついて活用します。

例 6-32

「ー」の前の文字の母音がㅏ,ㅗ　바쁘다+아요 → 바빠요（忙しいです）

「ー」の前の文字の母音がㅏ,ㅗ以外　예쁘다+어서 → 예뻐서（綺麗なので）

「ー」が1文字目　크다+어요 → 커요（大きいです）

배고프다+면 → 배고프면（お腹空いたら）

語尾「-면」は子音で始まるので変則活用しません

work

次の原形をヘヨ体（現在時制）に変えてみましょう。 6-33

①아프다（痛い） → ＿＿＿＿ （痛いです）

②바쁘다（忙しい） → ＿＿＿＿ （忙しいです）

③기쁘다（嬉しい） → ＿＿＿＿ （嬉しいです）

④슬프다（悲しい） → ＿＿＿＿ （悲しいです）

⑤쓰다（書く、使う、苦い） → ＿＿＿＿ （書きます、使います、苦いです）

work答え ①아파요 ②바빠요 ③기뻐요 ④슬퍼요 ⑤써요

ㄹ変則

語幹末のパッチムが「ㄹ」で、その後ろに「ㅂ, ㄴ, ㅅ」で始まる語尾がつくときは、パッチム「ㄹ」が脱落します。

例 6-34

살다+ㅂ니다 → 삽니다（住みます）

알다+니까 → 아니까（わかるので）

만들다+세요 → 만드세요（つくってください）

멀다+어요 → 멀어요（遠いです）

語尾が「ㅂ,ㄴ,ㅅ」で
始まらないので
変則活用しません

work

単語にそれぞれの語尾をつけて活用してみましょう。 6-35

①울다（見る）+니까 → ＿＿＿＿（泣くので）

②멀다（遠い）+ㅂ니다 → ＿＿＿＿（遠いです）

③만들다（つくる）+니까 → ＿＿＿＿（つくるので）

④밀다（押す）+세요 → ＿＿＿＿（押してください）

⑤얼다（凍る）+어요 → ＿＿＿＿（凍ります）

work答え ①우니까 ②멉니다 ③만드니까 ④미세요 ⑤얼어요

Chapter 7

接続詞と連結語尾

２つ以上の文章を１つの文章につなげる役割をする接続詞と連結語尾について学びましょう。これらを学べば、より長い文章をつくることができるようになります。

1 基本的な接続詞

接続詞の役割

接続詞は2つ以上の文章をつなげるとき、前後の文章の流れを説明してくれる役割をします。

文章 接続詞 文章

7-1

그리고	そして
하지만 ※口語ではあまり使いません。	しかし、でも
그런데 ※口語では「근데」と略して言うことが多いです。	ところで、しかし、でも
그래서	それで
그래도	それでも

work

ここまで学んできた内容を思い出しながら、下線部を韓国語に変えて、ヘヨ体の文章を完成させましょう。 7-2

※使う接続詞は左ページの表参考

① 저___ 일본인_______. （私は日本人です。）

_______ 한국어 공부를 _______.

（そして韓国語の勉強をしています。）

② 한국 음식___ 매워요. （韓国の食べ物は辛いです。）

_______ 맛있어요. （それでも美味しいです。）

③ 오늘___ 비가 와요. （今日は雨が降ります。）

_______ 밖에 _______.

（それで外に出ません。）

④ 영화가 슬펐어요. （映画が悲しかったです。）

_______ 안 울었어요. （しかし泣かなかったです。）

⑤ _______ 늦게 _______. （昨日遅く寝ました。）

_______ 안 피곤해요. （でも疲れてないです。）

work答え ①는/이에요/그리고/하고 있어요　②은/그래도
③은/그래서/안 나가요　④하지만 or 그런데 (근데)
⑤어제/잤어요/그런데 (근데) or 하지만

2 −아서/어서 I（～て、～で）

前の行為や状態が、後ろの行為においても継続しているときに使います。(※−아서/어서IIの使い方は144ページ参照)

ヘヨ体−요＋서

※ヘヨ体から「요」をとって「서」をつけます。

例 7-3

①의자에 앉아요＋서 ＋공부를 해요
（イスに座ります）（～て）（勉強をします）

→의자에 앉아서 공부를 해요.
（イスに座って勉強をします。）

②카페에 가요 ＋서 ＋커피를 마셔요
（カフェに行きます）（～て〈そこで〉）（コーヒーを飲みます）

→카페에 가서 커피를 마셔요.
（カフェに行ってコーヒーを飲みます。）

work

「–아서/어서」を使って、ヘヨ体で作文してみましょう。 7-4

① 출근하다（出勤する）＋そして（そこで）＋
일을 하다（仕事をする）

→ ＿＿＿＿＿＿＿＿＿＿＿＿＿＿.
（出勤して仕事をします。）

② 친구를 만나다（友達に会う）＋そして（その人と）＋
노래방에 가다（カラオケに行く）

→ ＿＿＿＿＿＿＿＿＿＿＿＿＿＿.
（友達に会ってカラオケに行きました。）

③ 한국에 가다（韓国に行く）＋そして（そこで）＋
친구를 만나다（友達に会う）

→ ＿＿＿＿＿＿＿＿＿＿＿＿＿＿.
（韓国に行って友達に会うつもりです。）

work答え ①출근해서 일을 해요 ②친구를 만나서 노래방에 갔어요
③한국에 가서 친구를 만날 거예요

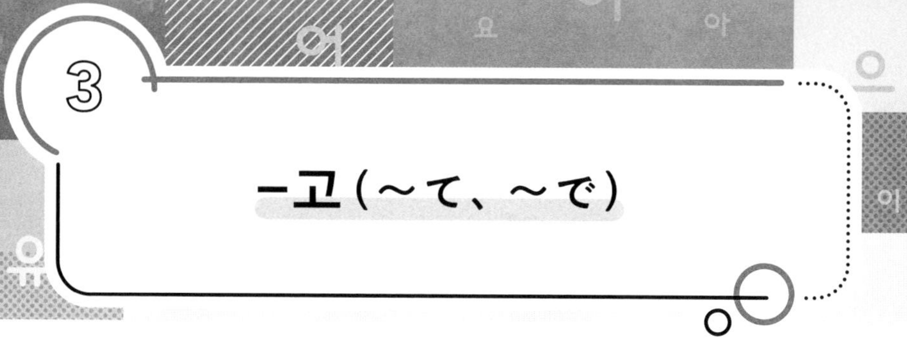

3 ー고（～て、～で）

前の行為や状態と、後ろの行為や状態を羅列するときに使います。

語幹＋고

※パッチムの有無に関係なく動詞や形容詞の語幹に「ー고」をつけます。

①同時に複数の動詞や形容詞を並べるとき

語幹に「ー고」をつけることで複数の動詞や形容詞を並べることができます。

例 7-5

싸다+고+맛있다 → 싸고 맛있어요.
（安い）（～て）（美味しい）　（安くて美味しいです。）

②前の行動が終わって次の行動をするとき

語幹に「ー고」をつけることで2つ以上の動詞を、時間の順番に並べることができます。

例 7-6

샤워를 하다+고+자다 → 샤워를 하고 자요.
（シャワーをする）　（～て）（寝る）　（シャワーをして寝ます。）

work

「ー고」を使って、ヘヨ体で作文してみましょう。 7-7

例 귀엽다（可愛い）＋（そして）＋작다（小さい）
→귀엽고 작아요.（可愛くて小さいです。）

① 싸다（安い）＋（そして）＋좋다（良い）

→ ＿＿＿＿＿＿＿＿＿＿. （安くて良いです。）

② 밥을 먹다（ご飯を食べる）＋（その後）＋
디저트를 먹다（デザートを食べる）

→ ＿＿＿＿＿＿＿＿＿＿＿＿＿＿.
（ご飯を食べてデザートを食べます。）

work答え ①싸고 좋아요 ②밥을 먹고 디저트를 먹어요

check!

ー아서/어서 vs ー고の違いは？

① ー아서/어서

２つの文章が「ー아서/어서」で接続されるときは前の文章の行為が続いている状態で後ろの文章の行為が行われます。

→前後の２つの文章は密接な関連がある。前の文の内容が後ろの文の前提になる。

② ー고

「ー고」の場合は前後の文章に関連性がなく、前の文章の行動が終わった後に後ろの文章の行動が行われます。

→前後の２つの文章は関連がない。

①

・친구를 만나서 카페에 갔어요.
（友達に会って〈その友達と一緒に〉カフェに行きました。）

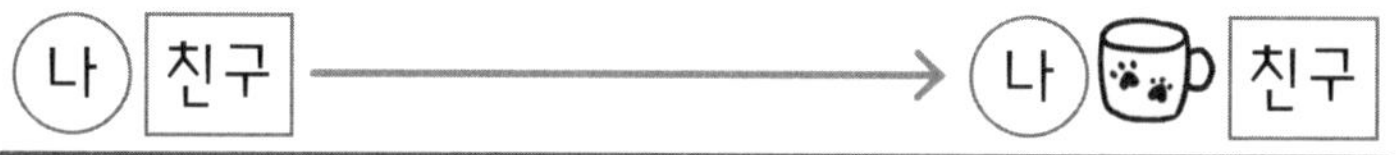

・친구를 만나고 카페에 갔어요.
（友達に会ってカフェに行きました。）
※友達と行ったのか１人で行ったのか別の人と行ったのかわからない。

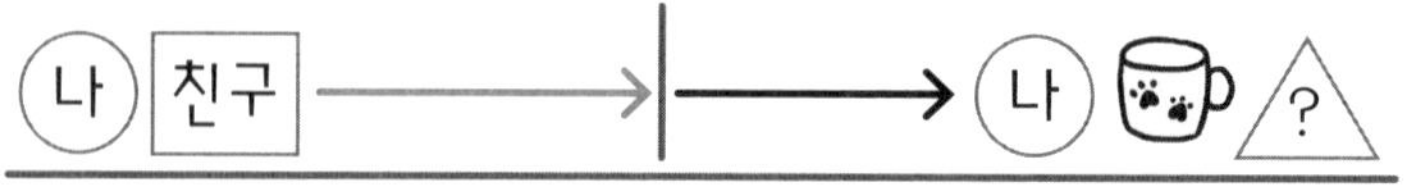

※１人かほかの人と

②

・시장에 가서 떡볶이를 먹었어요.
（市場に行って〈その市場で〉トッポッキを食べました。）

・시장에 가고 떡볶이를 먹었어요.
（市場に行って〈その後、他のところで〉トッポッキを食べました。）

work

〔　　〕内のうち、正しいものに丸をつけましょう。 7-9

① 아침에 〔일어나서／일어나고〕 청소를 해요.
（朝起きて掃除をします。）

② 밥을 〔먹어서／먹고〕 아이스크림을 먹어요.
（ご飯を食べてアイスクリームを食べます。）

③ 청소를 〔해서／하고〕 빨래를 해요.
（掃除をして洗濯をします。）

④ 학교에 〔가서／가고〕 공부를 해요.
（学校に行って勉強をします。）

⑤ 책을 〔읽어서／읽고〕 자요.
（本を読んで寝ます。）

work答え　①일어나서　②먹고　③하고　④가서　⑤읽고

4

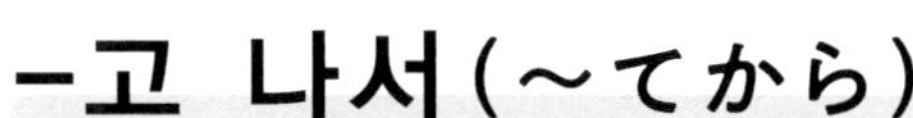

–고 나서（～てから）

126ページの「–고」（～て、～で）の②（前の行動が終わって次の行動をするとき）と同じ意味です。

語幹＋고 나서

例 

①숙제를 하다＋고 나서＋드라마를 보다
（宿題をする）　（～てから）　（ドラマを見る）

→숙제를 하고 나서 드라마를 봐요.
（宿題をしてからドラマを見ます。）

②친구랑 놀다＋고 나서＋운동을 하다
（友達と遊ぶ）　（～てから）　（運動をする）

→친구랑 놀고 나서 운동을 해요.
（友達と遊んでから運動をします。）

work

下記の単語を参考に、「−고 나서」を使って文章を完成させましょう。 7-11

① ＿＿＿＿＿＿＿＿ 카페에 갈까요?

（ご飯を食べてからカフェに行きましょうか？）

【単語】밥（ご飯）、먹다（食べる）、카페（カフェ）、가다（行く）

② 일을 ＿＿＿＿＿＿＿＿

계속 쉬고 있어요.

（仕事を辞めてからずっと休んでいます。）

【単語】일（仕事）、그만두다（辞める）、계속（ずっと）、쉬다（休む）

③ ＿＿＿＿＿＿＿＿ 샤워를 했어요.

（運動してからシャワーを浴びました。）

【単語】운동하다（運動する）、샤워를 하다（シャワーを浴びる）

④ ＿＿＿＿＿＿＿＿ 요리를 해요.

（掃除をしてから料理をします。）

【単語】청소（掃除）、하다（する）、요리（料理）

⑤ 매운 음식을 ＿＿＿＿＿＿＿＿ 배탈이 났어요.

辛い食べ物を食べてからお腹を壊しました。

【単語】매운 음식（辛い食べ物）、먹다（食べる）、배탈이 나다（お腹を壊す）

work答え ①밥을 먹고 나서 ②그만두고 나서 ③운동하고 나서
④청소를 하고 나서 ⑤먹고 나서

5 −지만（～だが、～けれど）

前の文章から予想されることとは、反対のことを表すときに使います。「−지만」は会話よりは文章で主に使われます（※会話では主に −ㄴ데/는데/은데 を使います。134ページ参照）。

語幹＋지만

①춥다＋지만 ＋아이스크림을 먹다
（寒い）（～けれど）（アイスクリームを食べる）

→춥지만 아이스크림을 먹어요.
（寒いけれど、アイスクリームを食べます。）

②졸리다＋지만 ＋영화를 보다
（眠い）（～だが）（映画を見る）

→졸리지만 영화를 봐요.
（眠いですが、映画を見ます。）

work

(7-13)

下記の単語を参考に、「-지만」を使って文章を完成させましょう。

① 발음 연습을 열심히 ＿＿＿＿ 아직 어려워요.

（発音の練習を一生懸命していますが、まだ難しいです。）

【単語】 발음 연습（発音の練習）、열심히（一生懸命）、하다（する）、
아직（まだ）、어렵다（難しい）

② ＿＿＿＿ 어쩔 수 없어요.

（忙しいですが仕方ないです。）

【単語】바쁘다（忙しい）、어쩔 수 없다（仕方ない）

③ ＿＿＿＿ 더 먹고 싶어요.

（お腹いっぱいですが、もっと食べたいです。）

【単語】 배부르다（お腹いっぱいだ）、더（もっと）、먹고 싶다（食べたい）

④ 바람은 많이 ＿＿＿＿ 별로 안 추워요.

（風はたくさん吹いていますが、あまり寒くありません。）

【単語】 바람（風）、많이（たくさん）、불다（吹く）、별로（あまり）、춥다（寒い）

⑤ 한국 요리를 ＿＿＿＿
매운 음식은 못 먹어요.

（韓国の料理が好きだけれど、辛い食べ物は食べられません。）

【単語】 한국 요리（韓国の料理）、를/을 좋아하다（～が好きだ）、
매운 음식（辛い食べ物）、못 먹다（食べられない）

work答え ①하지만 ②바쁘지만 ③배부르지만 ④불지만 ⑤좋아하지만

-ㄴ데/는데/은데 (～だが、～けれど)

ある状況を前置きとして説明するときや、前の文章の内容から予想される内容とは反対のことを言うときに使います。

①動詞と存在詞（있다/없다）の場合

7-14

語幹末	ルール	例
パッチム関係なし	語幹＋는데	좋아하다 → 좋아하는데 （好きだ）（好きだけれど）
パッチムがㄹ	語幹－ㄹ＋는데	살다 → 사는데 （住む）（住むけれど・住んでいるけれど）

※韓国語では、現在進行中のことを言うときにも、現在時制がよく使われます。

例 7-15

①요리는 좋아하다＋는데＋설거지는 안 좋아하다
（料理は好きだ）（～けれど）（皿洗いは好きではない）

→요리는 좋아하는데 설거지는 안 좋아해요.
（料理は好きだけど、皿洗いは好きではありません。）

②알다+는데+생각이 안 나다
（わかる）（～けれど）（思い出せない）

→아는데 생각이 안 나요.
（わかるけど、思い出せません。）

③시간은 있다+는데+돈이 없다
（時間はある）（～けれど）（お金がない）

→시간은 있는데 돈이 없어요.
（時間はあるけど、お金がないです。）

work

下記の単語を参考に、「-ㄴ데/는데/은데」を使って文章を完成させましょう。 7-16

① ＿＿＿＿＿＿＿＿ 청소는 안 해요.
（皿洗いはするけど掃除はしません。）
【単語】설거지（皿洗い）、하다（する）、청소（掃除）

② ＿＿＿＿＿＿＿＿ 수영은 안 해요.
（自転車は乗りますが水泳はしません。）
【単語】자전거（自転車）、타다（乗る）、수영（水泳）、하다（する）

③ ＿＿＿＿＿＿＿＿ 소설은 안 읽어요.
（雑誌は読みますが、小説は読みません。）
【単語】잡지（雑誌）、읽다（読む）、소설（小説）

work答え ①설거지는 하는데 ②자전거는 타는데 ③잡지는 읽는데

②形容詞と指定詞（이다/아니다）の場合

7-17

語幹末	ルール	例
パッチムなし	語幹＋ㄴ데	싸다 → 싼데 （安い）（安いけれど）
パッチムあり	語幹＋은데	좋다 → 좋은데 （良い）（良いけれど）
パッチムがㄹ	語幹－ㄹ＋ㄴ데	달다 → 단데 （甘い）（甘いけれど）

例 7-18

①싸다＋ㄴ데＋질이 안 좋다
（安い）（けれど）（質が良くない）

→싼데 질이 안 좋아요.
（安いけれど、質が良くないです。）

②좁다＋은데＋사람이 많다
（狭い）（～けれど）（人が多い）

→좁은데 사람이 많아요.
（狭いけれど人が多いです。）

③달다＋ㄴ데＋건강에 안 좋다
（甘い）（～けれど）（健康に良くない）

→단데 건강에 안 좋아요.
（甘いけれど健康に良くないです。）

④한국 사람이다 + ㄴ데 + 일본어를 잘하다
（韓国人だ）（～けれど）（日本語が上手い）

→한국 사람인데 일본어를 잘해요.
（韓国人だけれど日本語が上手いです。）

work

下記の単語を参考に、「-ㄴ데/는데/은데」を使って文章を完成させましょう。 7-19

① 키는 ＿＿＿＿ 몸무게는 비슷해요.
（身長は違うけど体重は似ています。）
【単語】키（身長）、다르다（違う）、몸무게（体重）、비슷하다（似ている）

② 우동은 ＿＿＿＿ 소면은 가늘어요.
（うどんは太いけど素麺は細いです。）
【単語】굵다（太い）、가늘다（細い）

③ 목걸이는 ＿＿＿＿ 귀걸이는 싸요.
（ネックレスは高いけれどピアスは安いです。）
【単語】목걸이（ネックレス）、비싸다（高い）、귀걸이（ピアス）、싸다（安い）

work答え ①다른데 ②굵은데 ③비싼데

7

−(으)면서（～しながら）

2つ以上の行動を同時に行うときに使います。

7-20

語幹末	ルール	例
パッチムなし	語幹＋면서	하다 → 하면서 （する）　（しながら）
パッチムあり	語幹＋으면서	먹다 → 먹으면서 （食べる）（食べながら）
パッチムがㄹ	語幹＋면서	놀다 → 놀면서 （遊ぶ）　（遊びながら）

check!

変則活用　7-21

語幹末のパッチムが「ㄷ, ㅂ, ㅅ」で、その後ろに母音で始まる語尾がつく場合、下記のように変則活用することがあります（変則活用については110ページ以降参照）。

ㄷ変則活用	듣다（聞く）→ 들으면서（聞きながら）
ㅂ変則活用	돕다（手伝う）→ 도우면서（手伝いながら）
ㅅ変則活用	젓다（混ぜる）→ 저으면서（混ぜながら）

work

下記の単語を参考に、「-(으)면서」を使って文章を完成させましょう。 7-22

例 シャワーをしながら歌を歌います。
【単語】샤워（シャワー）、하다（する）、노래（歌）、부르다（歌う）

→샤워를 하면서 노래를 불러요.

① ＿＿＿＿＿＿＿＿ 쿠키를 먹어요.

（仕事をしながらクッキーを食べます。）

【単語】일（仕事）、하다（する）、쿠키（クッキー）、먹다（食べる）

② ＿＿＿＿＿＿＿＿ 음악을 들어요.

（朝ごはんを食べながら音楽を聴きます。）

【単語】아침밥（朝ごはん）、먹다（食べる）、음악（音楽）、듣다（聴く）

③ ＿＿＿＿＿＿＿＿ 노래를 불러요.

（家事をしながら歌います。）

【単語】집안일（家事）、하다（する）、노래（歌）、부르다（歌う）

④ ＿＿＿＿＿＿＿＿ 여행하고 싶어요.

（韓国に住みながら旅行したいです。）

【単語】한국（韓国）、에（～に）、살다（住む）、여행하다（旅行する）、-고싶다（～したい）

work答え ①일을 하면서 ②아침밥을 먹으면서 ③집안일을 하면서
④한국에 살면서

8

-(으)면
(～すると、～したら、～なら)

まだ起きていない状況を仮定したり、前提として状況を伝えたりするときに使います。

7-23

語幹末	ルール	例
パッチムなし	語幹＋면	오다 → 오면 （来る）　（来たら）
パッチムあり	語幹＋으면	읽다 → 읽으면 （読む）　（読んだら）
パッチムがㄹ	語幹＋면	울다 → 울면 （泣く）　（泣いたら）

例　7-24

・비가 오다＋면＋우산을 쓰다
（雨が降る）（～たら）（傘をさす）

→비가 오면 우산을 써요.
（雨が降ったら傘をさします。）

・선물을 받다＋으면＋기쁘다
（プレゼントをもらう）（～たら）（嬉しい）

→선물을 받으면 기뻐요.
（プレゼントをもらったら嬉しいです。）

work

下記の単語を参考に、「-(으)면」を使って文章を完成させましょう。 7-25

① 밤에 ＿＿＿＿＿ 라면을 먹어요.

（夜にお腹がすいたらラーメンを食べます）。

【単語】밤（夜）、배고프다（お腹がすく）、라면（ラーメン）、먹다（食べる）

② 야식을 ＿＿＿＿＿ 얼굴이 부어요.

（夜食を食べると顔がむくみます。）

【単語】야식（夜食）、먹다（食べる）、얼굴（顔）、붓다（むくむ）

③ ＿＿＿＿＿＿＿＿＿＿ 가려워요.

（蚊に刺されると痒いです。）

【単語】모기에 물리다（蚊に刺される）、가렵다（痒い）

④ 매일 ＿＿＿＿＿ 피곤해요.

（毎日残業すると疲れます。）

【単語】매일（毎日）、야근하다（残業する）、피곤하다（疲れる）

⑤ 책을 ＿＿＿＿＿ 졸려요.

（本を読むと眠いです。）

【単語】책（本）、읽다（読む）、졸리다（眠い）

⑥ 짐을 ＿＿＿＿＿ 구경하러 가요.

（荷物を解いたら、見物に行きましょう。）

【単語】짐（荷物）、풀다（解く）、구경（見物）、하러 가다（しに行く）

work答え ①배고프면 ②먹으면 ③모기에 물리면 ④야근하면 ⑤읽으면 ⑥풀면

9 −거나（～たり）

２つ以上の動詞や形容詞の後ろにつけて、それらを並列したり、例を列挙したりするときに使います。

語幹＋거나

例 7-26

①쉬는 날에는 영화를 보거나 친구를 만나요.
（休みの日は映画を見たり友達に会います。）

②스트레스를 받으면 디저트를 먹거나 자요.
（ストレスを受けたらデザートを食べたり寝ます。）

③서울에서 식사를 하거나 관광을 할 거예요.
（ソウルで食事をしたり観光をするつもりです。）

④슬프거나 힘들 때 음악을 들어요.
（悲しかったりつらいとき、音楽を聴きます。）

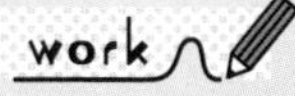

7-27

下記の単語を参考に、「-거나」を使って文章を完成させましょう。

① 졸리면 커피를 ＿＿＿＿＿＿ 녹차를 마셔요.

（眠かったらコーヒを飲んだり緑茶を飲みます。）

【単語】 졸리다（眠い）、커피（コーヒー）、마시다（飲む）、녹차（緑茶）

② ＿＿＿＿＿＿＿ 지루할 때 게임을 해요.

（退屈だったりつまらないとき、ゲームをします。）

【単語】 심심하다（退屈だ）、지루하다（つまらない）、게임（ゲーム）、하다（する）

③ 선물을 ＿＿＿＿＿ 칭찬을 받으면
기분이 좋아요.

（プレゼントをもらったり褒められたら気分が良いです。）

【単語】 선물（プレゼント）、받다（もらう）、칭찬을 받다（褒められる）、
기분（気分）、좋다（良い）

④ ＿＿＿＿＿＿＿＿ 콧물이 나면 병원에 가요.

（咳が出たり鼻水が出たら病院に行きます。）

【単語】 기침（咳）、나다（出る）、콧물（鼻水）、병원（病院）、가다（行く）

work答え ①마시거나 ②심심하거나 ③받거나 ④기침이 나거나

10 −아서/어서 Ⅱ (〜くて、〜で、〜ので)

前の文章と後ろの文章の関係が原因と結果のとき、2つの文章を接続する役割をします。(−아서/어서 Ⅰの使い方は124ページ参照)

ヘヨ体−요+서

※ヘヨ体から「요」をとって「−서」をつけます。

例 7-28

①심심하다+서+영화를 보다
(退屈だ)　(〜で)(映画を見る)

→심심해서 영화를 봐요.
(退屈で映画を見ます。)

②귀엽다+서+좋아하다
(可愛い)(〜ので)(好きだ)

→귀여워서 좋아해요.
(可愛いので好きです。)

check!

原因が過去のときの時制は？ 7-29

結果が現在で、原因が過去に起きていた場合、原因部分が日本語は過去形になりますが、韓国語は現在時制となるので注意しましょう。

①심심해서 영화를 봤어요.
（退屈だったので映画を見ました。）

②어제 떡볶이를 많이 먹어서 배가 아파요.
（昨日トッポッキをたくさん食べたのでお腹が痛いです。）

work

下記の単語を参考に、「−아서/어서」を使って文章を完成させましょう。 7-30

① 오랜만에 ＿＿＿＿＿＿＿＿ 즐거웠어요.
（久しぶりに友達に会ったので楽しかったです。）
【単語】오랜만（久しぶり）、친구를 만나다（友達に会う）、즐겁다（楽しい）

② 하루 종일 핸드폰을 ＿＿＿ 눈이 아파요.
（１日中携帯電話を見たので目が痛いです。）
【単語】하루 종일（１日中）、핸드폰（携帯電話）、보다（見る）、눈（目）、아프다（痛い）

③ 늦잠을 ＿＿＿ 지각했어요.
（寝坊をして遅刻しました。）
【単語】늦잠을 자다（寝坊をする）、지각하다（遅刻する）

work答え ①친구를 만나서 ②봐서 ③자서

11 -(으)니까（～ので、～のため）

理由に基づいて提案、勧誘、助言するときや、前後の文章が原因と結果を表すときに使います。

7-31

語幹末	ルール	例
パッチムなし	語幹＋니까	바쁘다 → 바쁘니까 （忙しい）（忙しいから）
パッチムあり	語幹＋으니까	좋다 → 좋으니까 （良い）（良いから）
パッチムがㄹ	語幹－ㄹ＋니까	알다 → 아니까 （わかる）（わかるから）

check!

変則活用

7-32

語幹末のパッチムが「ㄷ, ㅂ, ㅅ, ㅎ」で、その後ろに母音で始まる語尾がつく場合、次のように変則活用することがあります（変則活用については110ページ以降参照）。

ㄷ変則活用	듣다（聞く） → 들으니까（聞くので）
ㅂ変則活用	맵다（辛い） → 매우니까（辛いので）
ㅅ変則活用	낫다（治る） → 나으니까（治るので）
ㅎ変則活用	그렇다（そうだ） → 그러니까（そうだから）

work

下記の単語を参考に、「-(으)니까」を使って文章を完成させましょう。 7-33

① ＿＿＿＿＿ 따뜻한 차 드세요.

（寒いので暖かいお茶（を）召し上がってください。）

【単語】 춥다（寒い）、따뜻한 차（温かいお茶）、드시다（召し上がる）

② ＿＿＿＿＿ 밥 먹으러 가요.

（お腹がすいたのでご飯食べに行きましょう。）

【単語】 배고프다（お腹がすく）、밥（ご飯）、먹으러（食べに）、가다（行く）

③ ＿＿＿＿＿ 조용히 해 주세요.

（うるさいので静かにしてください。）

【単語】 시끄럽다（うるさい）、조용히（静かに）、해 주다（してくれる）

④ ＿＿＿＿＿ 먼저 잘게요.

（眠いので先に寝ます。）

【単語】 졸리다（眠い）、먼저（先に）、자다（寝る）

⑤ ＿＿＿＿＿ 편해요.

（座ったので楽です。）

【単語】 앉다（座る）、편하다（楽だ）

⑥ 서울에 ＿＿＿＿＿ 놀러 오세요.

（ソウルに住んでいるので遊びに来てください。）

【単語】 살다（住む）、놀러 오다（遊びに来る）

work答え ①추우니까 ②배고프니까 ③시끄러우니까 ④졸리니까 ⑤앉으니까 ⑥사니까

check!

-아서/어서 vs -(으)니까 違いは？ 7-34

-아서/어서と-(으)니까は、両方とも理由を表す連結語尾ですが、-(으)니까は単純な理由と事実以外に、その理由に基づいて命令、勧誘、助言、提案するときなど、幅広く使えます。詳しくは、右ページの表をご覧ください。

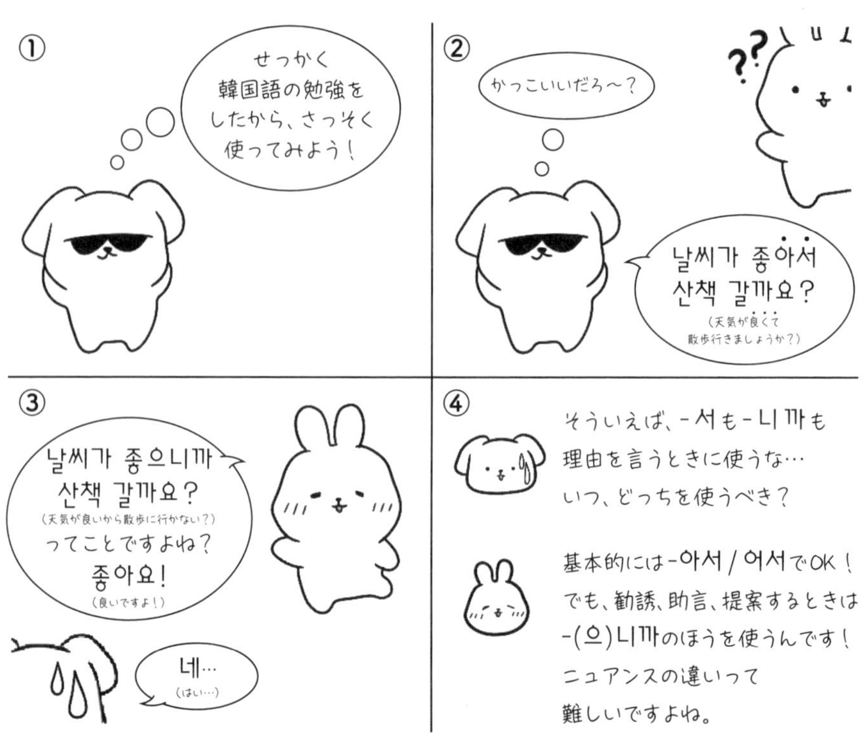

①
せっかく
韓国語の勉強を
したから、さっそく
使ってみよう！
②
かっこいいだろ～？
??
날씨가 좋아서
산책 갈까요？
（天気が良くて
散歩行きましょうか？）
③
날씨가 좋으니까
산책 갈까요？
（天気が良いから散歩に行かない？）
ってことですよね？
좋아요！
（良いですよ！）
네…
（はい…）
④
そういえば、-서も-니까も
理由を言うときに使うな…
いつ、どっちを使うべき？
基本的には-아서/어서でOK！
でも、勧誘、助言、提案するときは
-(으)니까のほうを使うんです！
ニュアンスの違いって
難しいですよね。

7-35

	–아/어서	–(으)니까
	「～なので」のように、一般的な理由を言うときに使います。	主観的な考え、命令、勧誘、助言、提案、または、「この理由で～します」のように、理由に基づいて次の行動を表すときに使います。
例	비어 있어서 앉으세요.（×）	비어 있으니까 앉으세요.（○） （空いているので座ってください。）
	바빠서 이따 만나요.（×）	바쁘니까 이따 만나요.（○） （忙しいので後で会いましょう。）
	분위기 좋아서 여기서 먹을까요?（×）	분위기 좋으니까 여기서 먹을까요?（○） （雰囲気いいのでここで食べましょうか？）
	아파서 쉬는 건 어때요?（×）	아프니까 쉬는 건 어때요?（○） （痛いので休むのはどうですか？）
	만나서 반갑습니다.（○） （お会いできて嬉しいです。）	만나니까 반갑습니다.（×）
	늦어서 죄송합니다.（○） （遅れてすみません。）	늦었으니까 죄송합니다.（×）

12 -기 전에(～する前に)

後ろの文章の前の行動について言うときに使います。

動詞の語幹＋기 전에

例 7-36

만나다(会う)　→ 만나기 전에(会う前に)

먹다(食べる)　→ 먹기 전에(食べる前に)

만들다(つくる)　→ 만들기 전에(つくる前に)

work

次の単語を、「-기 전에」を使って書いてみましょう。 7-37

①자다（寝る） → ＿＿＿＿＿＿＿＿ （寝る前に）

②여행하다（旅行する） → ＿＿＿＿＿＿＿＿ （旅行する前に）

③사다（買う） → ＿＿＿＿＿＿＿＿ （買う前に）

④앉다（座る） → ＿＿＿＿＿＿＿＿ （座る前に）

⑤열다（開ける） → ＿＿＿＿＿＿＿＿ （開ける前に）

⑥가다（行く） → ＿＿＿＿＿＿＿＿ （行く前に）

⑦일하다（働く） → ＿＿＿＿＿＿＿＿ （働く前に）

work答え ①자기 전에 ②여행하기 전에 ③사기 전에 ④앉기 전에 ⑤열기 전에 ⑥가기 전에 ⑦일하기 전에

13 −자마자 (～してすぐに、～するやいなや)

ある状態や行動が終わってすぐに他の行動に移るときや、すぐに何かが起こるときに使う表現です。

動詞の語幹＋자마자

 7-38

나오다(出る) → 나오자마자(出るやいなや)

먹다(食べる) → 먹자마자(食べてすぐ)

work

「−자마자」を使って文章を完成させましょう。 7-39

① ＿＿＿＿＿＿＿＿＿＿
비가 내리기 시작했어요.
(百貨店から出てすぐ雨が降り始めました。)
【単語】백화점(百貨店)、나오다(出る)、비(雨)、내리기 시작하다(降り始める)

② ＿＿＿＿＿＿ 잠들었어요.
(横になるやいなや眠りました。)
【単語】눕다(横になる)、잠들다(眠る)

work答え ①백화점에서 나오자마자 ②눕자마자

Chapter 8

日常会話でよく使う表現

日常会話でよく使う表現を学びましょう。

様々な表現を学ぶことで、共感、経験、提案、要求などを伝えることができるようになります。

1 −네요（〜ですね、〜ますね）

自分が経験したことに対して感嘆したり驚いたり、相手が言っていることに同意するときに使う表現です。

8-1

語幹末	ルール	例
パッチム関係なし	語幹＋네요	눈이 오다 → 눈이 오네요 （雪が降る）（雪が降りますね）
		맛있다 → 맛있네요 （美味しい）（美味しいですね）
パッチムがㄹ	語幹−ㄹ＋네요	놀다 → 노네요 （遊ぶ）（遊びますね）

work

次の原形を「−네요」の形にしてみましょう。 8-2

①좋다（良い）→ ＿＿＿＿＿ （良いですね）

②비가 오다（雨が降る）→ ＿＿＿＿＿
（雨が降りますね）

work答え ①좋네요 ②비가 오네요

2

–지요?
(〜ですよね?、〜ますよね?)

相手から同意をしてもらいたいときや、相手が知っていることを確認したいときに使う表現です。会話では「–지요?」を縮約して「–죠?」とよく言います。

8-3

語幹末	ルール	例
パッチム関係なし	語幹＋지요?	바쁘다 → 바쁘지요? = 바쁘죠? （忙しい）（忙しいですよね？）
		맛있다 → 맛있지요? = 맛있죠? （美味しい）（美味しいですよね？）
		놀다 → 놀지요? = 놀죠? （遊ぶ）（遊びますよね？）

work

次の原形を「–지요?」の形にしてみましょう。 8-4

①멋있다（かっこいい）→ ＿＿＿＿＿＿（かっこいいですよね？）

②춥다（寒い）→ ＿＿＿＿＿＿（寒いですよね？）

③재미있다（面白い）→ ＿＿＿＿＿＿（面白いですよね？）

work答え ①멋있지요? ②춥지요? ③재미있지요?

3 ―잖아요（～じゃないですか）

聞き手がすでに知っていることを思い出せるときや相手にある情報を確認するときに使います。

8-5

語幹末	ルール	例
パッチム関係なし	語幹＋잖아요	예쁘다 → 예쁘잖아요 （綺麗だ）（綺麗じゃないですか）
		좋다 → 좋잖아요 （良い）（良いじゃないですか）
		알다 → 알잖아요 （わかる）（わかるじゃないですか）

work

次の原形を「―잖아요」の形にしてみましょう。 8-6

①날씬하다 → ＿＿＿＿＿＿
（スリムだ）（スリムじゃないですか）

②좋다（良い） → ＿＿＿＿＿＿（良いじゃないですか）

③바쁘다（忙しい） → ＿＿＿＿＿＿（忙しいじゃないですか）

work答え ①날씬하잖아요 ②좋잖아요 ③바쁘잖아요

4 -고 싶다(～したい)

自分の願いや希望を表す表現です。ヘヨ体は「-고 싶어요」です。第三者の願いや希望は「-고 싶어하다(～したがる)」を使います。

8-7

語幹末	ルール	例
パッチム関係なし	語幹＋고 싶다	사귀다 → 사귀고 싶어요 (付き合う) (付き合いたいです)
		듣다 → 듣고 싶어요 (聞く) (聞きたいです)
		놀다 → 놀고 싶어요 (遊ぶ) (遊びたいです)

work

次の原形を「-고 싶어요」の形にしてみましょう。 8-8

①가다(行く) → ＿＿＿＿＿＿ (行きたいです)

②받다(もらう) → ＿＿＿＿＿＿ (もらいたいです)

③여행하다(旅行する) → ＿＿＿＿＿＿ (旅行したいです)

work答え ①가고 싶어요 ②받고 싶어요 ③여행하고 싶어요

5 ー ㄹ/을까요?
(～しましょうか?)

相手に何かを一緒にすることを提案したり、あることについて意見を尋ねたりするときに使います。

8-9

語幹末	ルール	例
パッチムなし	語幹＋ㄹ까요?	가다(行く) → 갈까요? (行きましょうか?) 만나다(会う) → 만날까요? (会いましょうか?)
パッチムあり	語幹＋을까요?	먹다(食べる) → 먹을까요? (食べましょうか?) 읽다(読む) → 읽을까요? (読みましょうか?)
パッチムがㄹ	語幹＋까요?	놀다(遊ぶ) → 놀까요? (遊びましょうか?)

check!

変則活用 8-10

語幹末のパッチムが「ㄷ, ㅂ, ㅅ」の動詞の後ろに母音で始まる語尾がつく場合、次のように変則活用することがあります（変則活用については110ページ以降参照）。

ㄷ変則活用	듣다（聞く）→ 들을까요?（聞きましょうか？）
ㅂ変則活用	굽다（焼く）→ 구울까요?（焼きましょうか？）
ㅅ変則活用	젓다（混ぜる）→ 저을까요?（混ぜましょうか？）

work

次の原形を「-ㄹ/을까요?」の形にしてみましょう。 8-11

①가다（行く） → ＿＿＿＿ （行きましょうか？）

②만나다（会う） → ＿＿＿＿ （会いましょうか？）

③사진을 찍다 → ＿＿＿＿
（写真を撮る） （写真を撮りましょうか？）

work答え ①갈까요? ②만날까요? ③사진을 찍을까요?

6 −아/어 보이다 (〜く見える、〜に見える、〜ように見える)

ある対象を見て、その状態を推測するときに使う表現です。ヘヨ体は「−아/어 보여요」となります。

ヘヨ体−요＋보이다

※ヘヨ体から「요」をとって「보이다」を続けます。

例 8-12

행복하다 → 행복해~~요~~＋보이다 → 행복해 보여요
(幸せだ)　(幸せそうに見えます)

맛있다 → 맛있어~~요~~＋보이다 → 맛있어 보여요
(美味しい)　(美味しそうに見えます)

work

次の原形を「−아/어 보여요」の形にしてみましょう。 8-13

①졸리다(眠い) → ______ (眠そうに見えます)

②기분이 좋다 → ______
(気分が良い)　(気分が良さそうに見えます)

work答え ①졸려 보여요 ②기분이 좋아 보여요

7 −아/어지다 (〜くなる、〜になる)

時間が経過することである状態が変化することを表す表現です。ヘヨ体は「−아/어져요」となります。

ヘヨ体−요＋지다

※ヘヨ体から「요」をとって「지다」をつけます。

例 8-14

깨끗하다 → 깨끗해~~요~~＋지다 → 깨끗해져요
（綺麗だ）（綺麗になります）

빨갛다 → 빨개~~요~~＋지다 → 빨개져요
（赤い）（赤くなります）

work

次の原形を「−아/어져요」の形にしてみましょう。 8-15

①어둡다（暗い） → ＿＿＿＿＿＿＿＿（暗くなります）

②시원하다（涼しい） → ＿＿＿＿＿＿＿＿（涼しくなります）

work答え ①어두워져요 ②시원해져요

8 −아/어 있다（～している）

ある動作が完了した後に、その状態が続いていることを表すときに使います。ヘヨ体は「−아/어 있어요」となります。動作が続いているときは「−고 있다」を使います。

ヘヨ体−요＋있다

※ヘヨ体から「요」をとって「있다」を続けます。

例 8-16

서다 → 서요＋있다 → 서 있어요
（立つ）　（立っています）

눕다 → 누워요＋있다 → 누워 있어요
（横になる）　（横になっています）

work

次の原形を「−아/어 있어요」の形にしてみましょう。 8-17

①의자에 앉다 → ＿＿＿＿＿＿
（椅子に座る）　（椅子に座っています）

②문이 닫히다 → ＿＿＿＿＿＿
（ドアが閉まる）　（ドアが閉まっています）

work答え　①의자에 앉아 있어요　②문이 닫혀 있어요

9 −아/어 보다（〜してみる）

ある行動を試してみることを伝えるときに使います。ヘヨ体は「**−아/어 봐요**」となります。

ヘヨ体−요＋보다

※ヘヨ体から「**요**」をとって「**보다**」を続けます。

例 8-18

하다（する）→ **해요**＋보다 → **해 봐요**（してみます）

입다（着る）→ **입어요**＋보다 → **입어 봐요**（着てみます）

work

次の原形を「−아/어 봐요」の形にしてみましょう。 8-19

①**묻다**（尋ねる）→ ＿＿＿＿＿＿（尋ねてみます）

②**쓰다**（使う）→ ＿＿＿＿＿＿（使ってみます）

③**신발을 신다**（靴を履く）

→ ＿＿＿＿＿＿＿＿＿＿

（靴を履いてみます。）

韓国で구두と言ったら「革靴」やハイヒールのことなので注意！ 一般的な靴は신발と言ってね！

신발（靴）

구두（革靴）　운동화（スニーカー）　부츠（ブーツ）
슬리퍼（スリッパ）　샌들（サンダル）

work答え　①물어 봐요　②써 봐요　③신발을 신어 봐요

10 −아/어 주세요 (〜してください)

相手に、ある行動を求めるときに使います。より丁寧な表現には「−아/어 주시겠어요?」(〜していいただけますか？)があります。

ヘヨ体−요＋주세요

※ヘヨ体から「요」をとって「주세요」を続けます。

例 8-20

쓰다(書く) → 써~~요~~＋주세요 → 써 주세요(書いてください)

사진을 찍다(写真を撮る) → 사진을 찍어~~요~~＋주세요
→ 사진을 찍어 주세요(写真を撮ってください)

만들다(つくる) → 만들어~~요~~＋주세요
→ 만들어 주세요(つくってください)

work

次の原形を「−아/어 주세요」の形にしてみましょう。 8-21

①계산하다(会計する) → ＿＿＿＿＿＿＿＿
(会計してください)

②바꾸다(変える) → ＿＿＿＿＿＿＿＿
(変えてください)

work答え ①계산해 주세요 ②바꿔 주세요

11 −아야/어야 되다 (〜しなければならない)

何かをする義務があるときに使います。ヘヨ体は「−아야/어야 돼요」となります。同じ意味の表現に「−아야/어야 하다」もありますが、こちらのほうが義務性が低いです。ネイティブは「−아야/어야 되다」のほうをよく使う傾向にあります。

ヘヨ体−요＋야 되다

※ヘヨ体から「요」をとって「야 되다」を続けます。

例 8-22

하다（する）→ 해~~요~~＋야 돼요
→ **해야 돼요**（しなければならないです）

먹다（食べる）→ 먹어~~요~~＋야 돼요
→ **먹어야 돼요**（食べなければならないです）

work 8-23

次の原形を「−아야/어야 되다」のヘヨ体にしてみましょう。

①자다（寝る） → ＿＿＿＿＿＿＿＿
（寝なければなりません）

②야근하다（残業する） → ＿＿＿＿＿＿＿＿
（残業しなければなりません）

work答え ①자야 돼요 ②야근해야 돼요

12 −아도/어도 되다（〜してもいい）

ある行動に対して許可や承諾をするときに使います。ヘヨ体は「−아도/어도 돼요」となります。

ヘヨ体−요＋도 되다

※ヘヨ体から「요」をとって「도 되다」をつけます。

例 8-24

먹다（食べる）→ 먹어~~요~~＋도 돼요
→ 먹어도 돼요（食べてもいいです）

놀다（遊ぶ）→ 놀아~~요~~＋도 돼요
→ 놀아도 돼요?（遊んでもいいですか？）

work 8-25

次の原形を「−아도/어도 돼요」の形にしてみましょう。

①들어가다（入る）→ ______
（入ってもいいですか？）

②앉다（座る）→ ______
（座ってもいいです）

③사진을 찍다（写真を撮る）→ ______
（写真を撮ってもいいですか？）

work答え ①들어가도 돼요? ②앉아도 돼요 ③사진을 찍어도 돼요?

13

−(으)면 안 되다 (～したらダメだ)

ある行動を禁じたり制限したりするときに使います。ヘヨ体は「−(으)면 안 돼요」となります。

8-26

語幹末	ルール	例
パッチムなし	語幹＋면 안 되다	만지다 → 만지면 안 돼요 （触る）（触ったらダメです）
パッチムあり	語幹＋으면 안 되다	먹다 → 먹으면 안 돼요 （食べる）（食べたらダメです）
パッチムがㄹ	語幹＋면 안 되다	알다 → 알면 안 돼요 （知る）（知ったらダメです）

work

8-27

次の原形を「−(으)면 안 돼요」の形にしてみましょう。

①마시다（飲む） → ＿＿＿＿＿＿
（飲んだらダメです）

②전화하다（電話する） → ＿＿＿＿＿＿
（電話したらダメです）

③받다（もらう） → ＿＿＿＿＿＿
（もらったらダメです）

work答え ①마시면 안 돼요 ②전화하면 안 돼요 ③받으면 안 돼요

14 −(으)세요（～しなさい、～してください）

丁寧に指示したり勧めたり命令したりするときに使います。

8-28

語幹末	ルール	例
パッチムなし	語幹＋세요	쉬다 → 쉬세요 （休む）　（休んでください）
パッチムあり	語幹＋으세요	앉다 → 앉으세요 （座る）　（座ってください）
パッチムがㄹ	語幹－ㄹ＋세요	만들다 → 만드세요 （つくる）　（つくってください）

check!

例外の活用　8-29

いくつかの単語は、下記のように例外的な形になります。

있다（いる） → 계세요（いらっしゃってください）

먹다（食べる）/마시다（飲む） → 드세요（召し上がってください）

자다（寝る） → 주무세요（おやすみになってください）

말하다（言う） → 말씀하세요（おっしゃってください）

work

次の原形を「-(으)세요」の形にしてみましょう。 8-30

①갈아입다（着替える） → ＿＿＿＿＿
（着替えてください）

②공부하다（勉強する） → ＿＿＿＿＿
（勉強してください）

③걸다（かける） → ＿＿＿＿＿
（かけてください）

work答え ①갈아입으세요 ②공부하세요 ③거세요

check!

-아/어 주세요 vs -(으)세요 の使い分け 8-31

両方とも「～してください」の意味で使えますが、「-아/어 주세요」は話し手に役に立つ内容を要求するときに使い、「-(으)세요」は話し手に役に立つ内容ではないことを要求するときに使います。

例 **사진을 찍어 주세요.**（写真を撮ってください。）
편하게 앉으세요.（楽にお座りください。）

15 -지 마세요 (～しないでください)

ある行動をしないように頼んだり、指示、もしくは命令したりするときに使います。

8-32

語幹末	ルール	例
パッチム関係なし	語幹 ＋지 마세요	가다 → 가지 마세요 （行く）　（行かないでください）
		사진을 찍다 → 사진을 찍지 마세요 （写真を撮る）　（写真を撮らないでください）
		울다 → 울지 마세요 （泣く）　（泣かないでください）

work

次の原形を「-지 마세요」の形にしてみましょう。 8-33

①보다（見る） → ________
（見ないでください）

②화내다（怒る） → ________
（怒らないでください）

③들어가다（入る） → ________
（入らないでください）

work答え　①보지 마세요　②화내지 마세요　③들어가지 마세요

16

–(으)려고요 (～しようと思います)

意志を表現したり、意図や計画を話したりするときに使います。

8-34

語幹末	ルール	例
パッチムなし	語幹＋려고요	만나다 → 만나려고요 （会う）　（会おうと思います）
パッチムあり	語幹＋으려고요	먹다 → 먹으려고요 （食べる）（食べようと思います）
パッチムがㄹ	語幹＋려고요	만들다 → 만들려고요 （つくる）　（つくろうと思います）

work

次の原形を「–(으)려고요」の形にしてみましょう。 8-35

①보다（見る） → ＿＿＿＿＿＿
（見ようと思います）

②만나다（会う） → ＿＿＿＿＿＿
（会おうと思います）

③읽다（読む） → ＿＿＿＿＿＿
（読もうと思います）

work答え ①보려고요 ②만나려고요 ③읽으려고요

17 −(으)러 가다/오다 (～しに行く、来る)

目的を持って、ある場所に移動するときに使います。ヘヨ体は「−(으)러 가요/와요」となります。

8-36

語幹末	ルール	例
パッチムなし	語幹＋러 가다/오다	보다 → 보러 와요 （見る）（見に来てください）
パッチムあり	語幹＋으러 가다/오다	먹다 → 먹으러 가요 （食べる）（食べに行きます）
パッチムがㄹ	語幹＋러 가다/오다	놀다 → 놀러 가요 （遊ぶ）（遊びに行きます）

work 8-37

次の原形を「−(으)러 가요/와요」の形にしてみましょう。

①타다→ ＿＿＿＿
（乗る）（乗りに行きます）

②듣다→ ＿＿＿＿
（聞く）（聞きに行きます）

③만들다→ ＿＿＿＿
（つくる）（つくりに行きます）

work答え ①타러 가요 ②들으러 가요 ③만들러 가요

18 −기 싫다(〜したくない)

ある行為に対して前向きではないときに使います。ヘヨ体は「−기 싫어요」となります。

8-38

語幹末	ルール	例
パッチム関係なし	語幹＋기 싫다	가다 →가기 싫어요 (行く) (行きたくないです)
		죽다 →죽기 싫어요 (死ぬ) (死にたくないです)
		울다 →울기 싫어요 (泣く) (泣きたくないです)

work

次の原形を「−기 싫어요」の形にしてみましょう。 8-39

①일하다(働く) → ＿＿＿＿＿＿
(働きたくないです)

②청소하다 → ＿＿＿＿＿＿
(掃除する) (掃除したくないです)

③설거지하다 → ＿＿＿＿＿＿
(皿洗いをする) (皿洗いをしたくないです)

work答え ①일하기 싫어요 ②청소하기 싫어요 ③설거지하기 싫어요

19 −기로 하다（〜することにする）

自分が決意したことを話すときや、相手と約束または合意したときに使います。ヘヨ体は「−**기로 해요**」で、過去形の「−**기로 했어요**」の形でよく使われます。

8-40

語幹末	ルール	例
パッチム関係なし	語幹＋기로 하다	사귀다 → 사귀기로 했어요 （付き合う）（付き合うことにしました）
		먹다 → 먹기로 했어요 （食べる）（食べることにしました）
		놀다 → 놀기로 했어요 （遊ぶ）（遊ぶことにしました）

work

次の文を「−기로 했어요」の形にしてみましょう。 8-41

①일찍 일어나다（早く起きる）

→ ＿＿＿＿＿＿＿＿.

（早く起きることにしました。）

②여기에서 만나다（ここで会う）

→ ＿＿＿＿＿＿＿＿.

（ここで会うことにしました。）

work答え ①일찍 일어나기로 했어요 ②여기에서 만나기로 했어요

20 –ㄹ/을래요?（～しますか?）

相手に意向を尋ねるときに使います。もう少し丁寧な表現では「–(으)실래요?」があります。

8-42

語幹末	ルール	例
パッチムなし	語幹＋ㄹ래요?	쉬다（休む）→ 쉴래요?（休ますか？）
パッチムあり	語幹＋을래요?	먹다（食べる）→ 먹을래요?（食べますか？）
パッチムがㄹ	語幹＋래요?	만들다（つくる）→ 만들래요?（つくりますか？）

work

次の原形を「–ㄹ/을래요?」の形にしてみましょう。 8-43

①타다（乗る） → ＿＿＿＿＿＿（乗りますか？）

②사귀다（付き合う） → ＿＿＿＿＿＿（付き合いますか？）

③앉다（座る） → ＿＿＿＿＿＿（座りますか？）

work答え ①탈래요? ②사귈래요? ③앉을래요?

21 −게 되다（～することになる）

話者の意志ではなく、他の環境により、ある状態や状況が変わるときに使います。ヘヨ体は「−**게 돼요**」で、過去形の「−**게 됐어요**」の形でよく使われます。

8-44

語幹末	ルール	例
パッチム関係なし	語幹＋게 되다	사귀다 → 사귀게 됐어요 （付き合う）（付き合うことになりました）
		먹다 → 먹게 됐어요 （食べる）（食べることになりました）
		살다 → 살게 됐어요 （住む）（住むことになりました）

work

次の単語を「−게 됐어요」の形にしてみましょう。 8-45

①그만두다（辞める） → ＿＿＿＿＿＿
（辞めることになりました）

②참석하다（参席する） → ＿＿＿＿＿＿
（参席することになりました）

work答え　①그만두게 됐어요　②참석하게 됐어요

Chapter 9

連体形

「昨日着た服」「よく聴く音楽」「美味しいパン」の「着た～」「聴く～」「美味しい～」など、名詞を修飾する部分を連体形と言います。

連体形を使うことで、名詞に関する情報をより詳しく伝えることができるようになります。

1 過去連体形

過去連体形は時制だけに限らず、品詞（動詞、形容詞、存在詞、指定詞）によって活用の仕方が違うので注意しましょう。

9-1

	過去連体形の活用		例
動詞	語幹末に パッチムなし	＋ㄴ	보다（見る）→ 본（見た～）
動詞	語幹末に パッチムあり	＋은	먹다（食べる）→ 먹은（食べた～）
動詞	語幹末の パッチムがㄹ	−ㄹ＋ㄴ	살다（住む）→ 산（住んだ～）
形容詞	語幹＋았/었던 （＝ヘヨ体の過去形−어요＋던）		시원하다（涼しい）→ 시원했~~어요~~＋던 → 시원했던（涼しかった～）
形容詞			작다（小さい）→ 작았~~어요~~＋던 → 작았던（小さかった～）
形容詞			길다（長い）→ 길었~~어요~~＋던 → 길었던（長かった～）
存在詞	語幹＋던		있다（いる・ある）→ 있던（いた・あった～）
存在詞			없다（いない・ない）→ 없던（いなかった・なかった～）
指定詞	名詞 パッチムなし	＋였던	아기다（赤ちゃんである）→ 아기였던（赤ちゃんであった～）
指定詞	名詞 パッチムあり	＋이었던	학생이다（学生である）→ 학생이었던（学生であった～）

work

9-2

下記の単語を過去連体形にして次の文章を完成させましょう。

① 어제 ＿＿＿ 삼겹살, 정말 맛있었어요.
（昨日食べたサムギョプサル、本当に美味しかったです。）
【単語】먹다（食べる）

② 이건 언제 ＿＿ 음식이에요?
（これはいつ買った食べ物ですか？）
【単語】사다（買う）

③ ＿＿＿＿＿ 조카가 대학생이 됐어요.
（赤ちゃんだった甥が大学生になりました。）
【単語】아기다（赤ちゃんである）

④ ＿＿＿＿ 머리를 잘랐어요.
（長かった髪の毛を切りました。）
【単語】길다（長い）

⑤ 이 단어는 ＿＿＿ 기억이 없어요.
（この単語は覚えた記憶がありません。）
【単語】외우다（覚える）

⑥ 여기에 ＿＿＿ 안경 못 봤어요?
（ここにあったメガネ、見ませんでした？）
【単語】있다（ある）

work答え ①먹은 ②산 ③아기였던 ④길었던 ⑤외운 ⑥있던

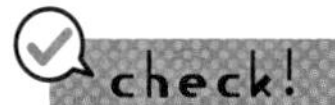

過去連体形を使った表現

過去連体形を使ったよく使う表現を４つ、ご紹介します。

1．-ㄴ/은 다음에（～した後に）

ある行動や状況が起こった後に、他の行動や状況が起こるときに使います。

語幹＋ㄴ/은 다음에

가다（行く） → 간 다음에（行った後に）
먹다（食べる） → 먹은 다음에（行った後に）
【例外】놀다（遊ぶ） → 놀－ㄹ＋ㄴ 다음에
→ 논 다음에（遊んだ後に）

work 🔊 9-4

次の原形を「-ㄴ/은 다음에」を使って書いてみましょう。

①보다（見る） → ＿＿＿＿＿＿＿＿（見た後に）

②읽다（読む） → ＿＿＿＿＿＿＿＿（読んだ後に）

work答え ①본 다음에 ②읽은 다음에

2. −ㄴ/은 적 있다(〜したことある)
−ㄴ/은 적 없다(〜したことない)

過去の経験の有無について言うときに使います。ヘヨ体は「−ㄴ/은 적 있어요」「−ㄴ/은 적 없어요」になります。

語幹＋ㄴ/은 적 있다　**語幹＋ㄴ/은 적 없다**

例　9-5

가다(行く) → 간 적 있어요(行ったことあります)

먹다(食べる) → 먹은 적 없어요(食べたことありません)

【例外】만들다(つくる) → 만들−ㄹ+ㄴ 적 있다

→ 만든 적 있어요
(つくったことあります)

work　9-6

次の原形を「−ㄴ/은 적 있다」と「−ㄴ/은 적 없다」を使ってヘヨ体で書いてみましょう。

①보다(見る) → ＿＿＿＿＿＿＿＿
(見たことありません)

②읽다(読む) → ＿＿＿＿＿＿＿＿
(読んだことあります)

work答え　①본 적 없어요　②읽은 적 있어요

3. -ㄴ/은 지 ~ 되다（～してから～経つ）

ある出来事から時間がどのくらい過ぎたのか言うときに使います。ヘヨ体は「-ㄴ/은 지 ~ 돼요」で、過去形の「-ㄴ/은 지 ~ 됐어요」の形でよく使われます。

語幹＋ㄴ/은 지 ~ 되다

 9-7

퇴근하다 → 퇴근한 지 삼십 분 됐어요.
（退社する）　（退社してから30分経ちました。）

먹다 → 먹은 지 한 시간 됐어요.
（食べる）　（食べてから1時間経ちました。）

【例外】살다（住む）→ 살-ㄹ+ㄴ 지 ~ 되다
→ 산 지 얼마나 됐어요?
（住んでからどれくらい経ちましたか？）

work

次の原形を「-ㄴ/은 지 ~ 되다」を使ってヘヨ体の過去形で書いてみましょう。 9-8

①기다리다（待つ）

→ ＿＿＿＿＿ 30분 ＿＿＿＿＿.

（待ってから30分経ちました。）

②앉다（座る）

→ ＿＿＿＿＿ 2 시간 ＿＿＿＿＿.

（座ってから2時間経ちました。）

work答え　①기다린 지/됐어요　②앉은 지/됐어요

4. -ㄴ/은 것 같다(～したようだ)

ある状況や行動をみて推測するときや、自分の考えや意見を柔らかく表すときに使います。ヘヨ体は「-ㄴ/은 것 같아요」になります。

語幹+ㄴ/은 것 같다

例 9-9

보다(見る) → 본 것 같아요.(見たようです。)

먹다(食べる) → 먹은 것 같아요.(食べたようです。)

【例外】울다(泣く) → 울-ㄹ+ㄴ 것 같다

→ 운 것 같아요.(泣いたようです。)

work 9-10

次の原形を「-ㄴ/은 것 같다」を使ってヘヨ体で書いてみましょう。

①오다(来る) → ＿＿＿＿＿＿＿＿
(来たようです)

②닮다(似る) → ＿＿＿＿＿＿＿＿
(似たようです)

work答え ①온 것 같아요 ②닮은 것 같아요

2

現在連体形

現在連体形も、品詞（動詞、形容詞、存在詞、指定詞）によって活用の仕方が違うので注意しましょう。

9-11

	現在連体形の活用		例
動詞	語幹末のパッチム有無関係なし	語幹＋는	보다（見る）→ 보는（見ている～） 먹다（食べる）→ 먹는（食べている～）
動詞	語幹末のパッチムがㄹ	語幹－ㄹ＋는	살다（住む）→ 사는（住んでいる～）
形容詞	語幹末にパッチムなし	語幹＋ㄴ	시원하다（涼しい）→ 시원한（涼しい～）
形容詞	語幹末にパッチムあり	語幹＋은	작다（小さい）→ 작은（小さい～）
形容詞	語幹末のパッチムがㄹ	語幹－ㄹ＋ㄴ	길다（長い）→ 긴（長い～）
存在詞	語幹＋는		있다（いる・ある）→ 있는（いる～・ある～） 없다（いない・ない）→ 없는（いない～・ない～）
指定詞	名詞＋인		아기다（赤ちゃんである）→ 아기인（赤ちゃんである～） 학생이다（学生である）→ 학생인（学生である～）

work

🔊 9-12

下記の単語を現在連体形にして次の文章を完成させましょう。

① 요즘 자주 ＿＿＿＿ 음악은 뭐예요?
（最近よく聴いている音楽はなんですか？）【単語】듣다（聴く）

② 하나 더 ＿＿＿＿ 사이즈 있어요?
（もう１つ小さいサイズありますか？）【単語】작다（小さい）

③ ＿＿＿＿＿＿ 아이돌은 누구예요?
（好きなアイドルは誰ですか？）【単語】좋아하다（好きだ）

④ ＿＿＿＿＿＿ 드라마 좀 추천해 주세요.
（面白いドラマをお勧めしてください。）【単語】재미있다（面白い）

⑤ ＿＿＿＿ 색을 좋아해요.
（明るい色が好きです。）【単語】밝다（明るい）

⑥ 제가 ＿＿＿＿ 전철은 이거예요.
（私が乗る電車はこれです。）【単語】타다（乗る）

⑦ ＿＿ 머리를 짧게 잘랐어요.
（長い髪を短く切りました。）【単語】길다（長い）

work答え ①듣는 ②작은 ③좋아하는 ④재미있는 ⑤밝은 ⑥타는 ⑦긴

3 未来連体形

未来連体形も、品詞（動詞、形容詞、存在詞、指定詞）によって活用の仕方が変わります。

9-13

未来連体形の活用			例
動詞	語幹末にパッチムなし	語幹＋ㄹ	보다（見る）→ 볼（見る～）
			먹다（食べる）→ 먹을（食べる～）
			살다（住む）→ 살（住む～）
形容詞	語幹末にパッチムあり	語幹＋을	시원하다（涼しい）→ 시원할（涼しい～）
			작다（小さい）→ 작을（小さい～）
	語幹末のパッチムがㄹ	語幹そのまま	길다（長い）→ 길（長い～）
存在詞			있다（いる・ある）→ 있을（いる・ある～）
			없다（いない・ない）→ 없을（いない・ない～）
指定詞	パッチムの有無関係なし	名詞＋일	아기다（赤ちゃんである）→ 아기일（赤ちゃんである～）
			학생이다（学生である）→ 학생일（学生である～）

work

9-14

下記の単語を未来連体形にして次の文章を完成してみましょう。

① 한국에 ( ) 예정이에요.
（韓国に行く予定です。）
【単語】가다（行く）

② 시간 ( ) 때 연락할게요.
（時間があるとき、連絡します。）
【単語】있다（いる）

③ ( ) 때 산책할까요?
（涼しいとき、散歩しましょうか？）
【単語】시원하다（涼しい）

④ ( ) 일이 많아요?
（することが多いですか？）
【単語】하다（する）

⑤ 주말에 ( ) 원피스를 사고 싶어요.
（週末に着るワンピースを買いたいです。）
【単語】입다（着る）

work答え　①갈　②있을　③시원할　④할　⑤입을

未来連体形と同じ活用をする表現

未来連来形と同じ活用をする表現を５つご紹介します。

1．－ㄹ/을 때（～するとき）

ある状態になっている時点や時期について、またはある状況を仮定的に話すときに使います。

語幹＋ㄹ/을 때

例 9-15

시원하다（涼しい）→ 시원하＋ㄹ 때
→ 시원할 때（涼しいとき）

먹다（食べる）→ 먹＋을 때 → 먹을 때（食べるとき）

【例外】놀다（遊ぶ）→ 놀＋때 → 놀 때（遊ぶとき）

work

次の原形を「－ㄹ/을 때」の形にしてみましょう。 9-16

①자다（寝る）　→ ＿＿＿＿＿（寝るとき）

②만들다（つくる）→ ＿＿＿＿＿（つくるとき）

work答え　①잘 때　②만들 때

2.-ㄹ/을지도 모르다（～するかもしれない）

ある行動が起きたり、その状態になる可能性があることについて推測するときに使います。ヘヨ体は「-ㄹ/을지도 몰라요」になります。

語幹＋ㄹ/을지도 모르다

例 9-17

바쁘다（忙しい）→ 바쁘＋ㄹ지도 모르다
→ 바쁠지도 몰라요（忙しいかもしれません）

먹다（食べる）→ 먹＋을지도 모르다
→ 먹을지도 몰라요（食べるかもしれません）

【例外】놀다（遊ぶ）→ 놀＋지도 모르다
→ 놀지도 몰라요（遊ぶかもしれません）

work 9-18

次の原形を「-ㄹ/을지도 모르다」のヘヨ体にしてみましょう。

①비가 오다（雨が降る）→ ＿＿＿＿＿＿
（雨が降るかもしれません）

②늦다（遅れる）→ ＿＿＿＿＿＿
（遅れるかもしれません）

work答え ①비가 올지도 몰라요 ②늦을지도 몰라요

3.-ㄹ/을 수밖에 없다（～するしかない）

ある行動をする選択肢が他にはなくて、仕方なく唯一の選択肢を選ばなければいけないときに使います。ヘヨ体は「-ㄹ/을 수밖에 없어요」になります。

語幹＋ㄹ/을 수밖에 없다

기다리다（待つ）→ 기다리＋ㄹ 수밖에 없다
→ 기다릴 수 밖에 없어요（待つしかないです）

먹다（食べる）→ 먹＋을 수밖에 없다
→ 먹을 수 밖에 없어요（食べるしかないです）

【例外】놀다（遊ぶ）→ 놀＋수밖에 없다
→ 놀 수 밖에 없어요（遊ぶしかないです）

work 9-20

次の原形を、「-ㄹ/을 수밖에 없다」のヘヨ体にしてみましょう。

①마시다（飲む）→ ____________________
（飲むしかないです）

②팔다（売る）→ ____________________
（売るしかないです）

work答え ①마실 수밖에 없어요 ②팔 수밖에 없어요

4.－ㄹ/을 것 같다（～と思う、～そうだ）

まだ起こっていない状況に対して推測するときに使います。ヘヨ体は「－ㄹ/을 것 같아요」になります。

語幹＋ㄹ/을 것 같다

9-21

비싸다（高い）→ **비싸**＋ㄹ 것 같다
→ **비쌀 것 같아요**（高そうです）

먹다（食べる）→ **먹**＋을 것 같다
→ **먹을 것 같아요**（食べると思います）

【例外】

힘들다（しんどい）→ **힘들**＋것 같다
→ **힘들 것 같아요**（しんどそうです）

그렇다（そうだ）→ **그렇**－ㅎ＋ㄹ 것 같다
→ **그럴 것 같아요**（そうだと思います）

work

9-22

次の原形を、「－ㄹ/을 것 같다」のヘヨ体にしてみましょう。

①**넘어지다**（転ぶ）→ ＿＿＿＿＿＿＿＿
（転びそうです）

②**달다**（甘い）→ ＿＿＿＿＿＿＿＿
（甘そうです）

work答え　①넘어질 것 같아요　②달 것 같아요

5.－ㄹ/을 리가 없다（～はずがない）

ある状態を認めたくなくて、否定するときに使う表現です。ヘヨ体は「－ㄹ/을 리가 없어요」になります。

語幹＋ㄹ/을리가 없다

하다（する）→ 하＋ㄹ 리가 없다
→ 할 리가 없어요（するはずがないです）

먹다（食べる）→ 먹＋을 리가 없다
→ 먹을 리가 없어요（食べるはずがないです）

【例外】알다（知る）→ 알＋리가 없다
→ 알 리가 없어요（知るはずがないです）

work 9-24

次の原形を「－ㄹ/을 리가 없다」のヘヨ体にしてみましょう。

①울다（泣く）→ ＿＿＿＿＿＿
（泣くはずがないです）

②기억하다（覚える）→ ＿＿＿＿＿＿
（覚えるはずがないです）

work答え ①울 리가 없어요 ②기억할 리가 없어요

4 連体形の変則活用

語幹末のパッチムがそれぞれ「ㄷ, ㄹ, ㅂ, ㅅ, ㅎ」の単語は変則活用することが多いです。それぞれの動詞や形容詞が連体形になるときも変則活用する場合があるので、下の表を見ながら確認しましょう。

9-25

語幹末のパッチム	原形	過去連体形	現在連体形	未来連体形
ㄷ	듣다 （聞く）	들은 語幹－ㄷ+ㄹ은	듣는 語幹+는	들을 語幹－ㄷ+ㄹ을
ㄹ	놀다 （遊ぶ）	논 語幹－ㄹ+ㄴ	노는 語幹－ㄹ+는	놀 語幹そのまま
ㅂ	귀엽다 （可愛い）	귀여웠던 へヨ体の過去形 －어요+던	귀여운 語幹－ㅂ+운	귀여울 語幹－ㅂ+울
ㅅ	낫다 （治る）	나은 語幹－ㅅ+은	낫는 語幹+는	나을 語幹－ㅅ+을
ㅎ	그렇다 （そうだ）	그랬던 へヨ体の過去形 －어요+던	그런 語幹－ㅎ+ㄴ	그럴 語幹－ㅎ+ㄹ

check!

規則活用する単語 9-26

語幹末のパッチムがそれぞれ「ㄷ, ㄹ, ㅂ, ㅅ, ㅎ」の単語の中でも、規則活用する単語があるので注意しましょう。主な単語の連体形を見てみましょう。

〈過去〉〈現在〉〈未来〉

좁다（狭い）→ 좁던 / 좁은 / 좁을
웃다（笑う）→ 웃은 / 웃는 / 웃을
좋다（良い）→ 좋던 / 좋은 / 좋을

work 9-27

下記の単語を連体形にして文章を完成させましょう。

① (　　) 음식을 좋아해요.
（辛い食べ物が好きです。）
【単語】맵다（辛い）

② 이 노래는 (　　) 적 없어요.
（この歌は聴いたことないです。）
【単語】듣다（聴く）

③ (　　) 맛이에요?
（どんな味ですか？）
【単語】어떻다（どうだ）

work答え ①매운 ②들은 ③어떤

Chapter 10

発音規則

韓国語は書かれているハングルがそのまま発音されず、発音が変化することがあります。これを「発音変化」と言います。ここでは発音変化する場合の一定のルールについて学びましょう。

1 有声音化

平音の場合、発音はその文字の位置によって異なります。

平音が1文字目に来る場合は、ㄱ[k]/ㄷ[t]/ㅂ[p]/ㅈ[ch]のように激音に近い音になりますが、2文字目からはㄱ[g]/ㄷ[d]/ㅂ[b]/ㅈ[j]のように発音されます。これを「有声音化」と言います。

work　10-1

有声音化しない単語とする単語の発音を聞き比べてみましょう。

① 가수 [ka.su] (歌手)	화가 [hwa.ga] (画家)
② 기회 [ki.hwe] (機会)	고기 [ko.gi] (肉)
③ 비누 [pi.nu] (せっけん)	나비 [na.bi] (ちょうちょ)
④ 주문 [chu.mun] (注文)	우주 [u.ju] (宇宙)
⑤ 부분 [pu.bun] (部分)	부부 [pubu] (夫婦)
⑥ 지진 [chi.jin] (地震)	돼지 [twe.ji] (ぶた)
⑦ 도시 [to.si] (都市)	수도 [su.do] (首都)

2 連音化

パッチムがある文字の、次の文字の子音が「ㅇ」(イウン)のとき、パッチムが後ろの「ㅇ」と置き換わって発音されます。これを「連音化」と言います。

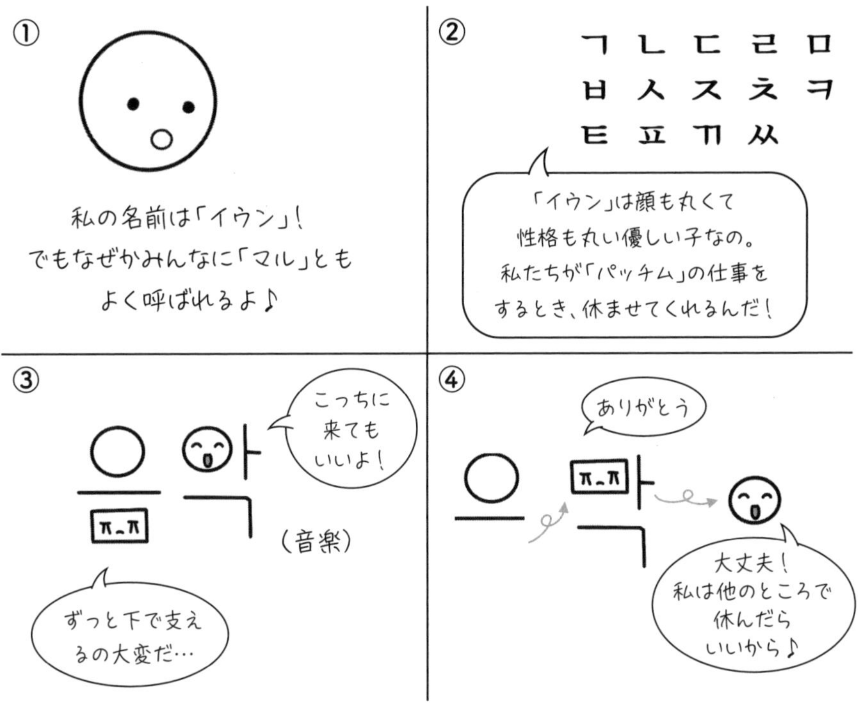

①
私の名前は「イウン」!
でもなぜかみんなに「マル」とも
よく呼ばれるよ♪
②
ㄱ ㄴ ㄷ ㄹ ㅁ
ㅂ ㅅ ㅈ ㅊ ㅋ
ㅌ ㅍ ㄲ ㅆ
「イウン」は顔も丸くて
性格も丸い優しい子なの。
私たちが「パッチム」の仕事を
するとき、休ませてくれるんだ!
③
こっちに来てもいいよ!
(音楽)
ずっと下で支えるの大変だ…
④
ありがとう
大丈夫!
私は他のところで
休んだら
いいから♪

※パッチムは下から「子音+母音」を支える仕事が大変だけど、「ㅇ」はすごく優しくて、いつも自分の前にいるパッチムに自分の場所を譲っている!

例 10-2

❶ 음악（音楽）　[으막]

どいて！

パッチムがある文字の次に「ㅇ」がきた場合、「ㅇ」はなくなり、前の文字のパッチムに置き換わります。

❷ 읽어요（読みます）　[일거요]

「ㅇ」に近い子音だけ移動！

있어요（あります）　[이써요]

ふたごはいつも一緒に！

二重パッチムの子音がそれぞれ違う場合は、左側のパッチムは残し、右側のパッチムが右の文字の「ㅇ」に移動し、置き換わって発音されます。二重パッチムの子音が同じ場合は、二重パッチムがそのまま「ㅇ」に移動します。

❸ 종이（紙）　[종이]

前の文字のパッチムが「ㅇ」で、後ろの文字の母音が「ㅇ」のときは、連音化はされず、そのまま発音します。

❹ 좋아요（良いです）　[조아요]

싫어요（嫌です）　[실어요]→[시러요]

前の文字のパッチムが「ㅎ」で、後ろの文字の母音が「ㅇ」のときは、パッチム「ㅎ」をなくして発音します。二重パッチムに「ㅎ」があるときは、「ㅎ」はなくなり、もう１つのパッチムが「ㅇ」に移動し、置き換わって発音されます。

work

次の単語を発音どおりに書いてみましょう。 10-3

①얼음（氷）〔　　　〕 ②젊어요（若いです）〔　　　〕

③들어요（聞きます）〔　　　〕

④먹어요（食べます）〔　　　〕 ⑤강의（講義）〔　　　〕

⑥맛있어요（美味しいです）〔　　　〕

⑦걸어요（歩きます）〔　　　〕

⑧읽어요（読みます）〔　　　〕 ⑨발음（発音）〔　　　〕

⑩좋아요（良いです）〔　　　〕

⑪싫어요（嫌です）〔　　　〕

⑫썰어요（切ります）〔　　　〕 ⑬음악（音楽）〔　　　〕

⑭놀아요（遊びます）〔　　　〕

⑮목요일（木曜日）〔　　　〕 ⑯일월（1月）〔　　　〕

⑰밟아요（踏みます）〔　　　〕 ⑱졸업（卒業）〔　　　〕

⑲놀이공원（遊園地）〔　　　〕

work答え ①어름 ②절머요 ③드러요 ④머거요 ⑤강이 ⑥마시써요 ⑦거러요 ⑧일거요 ⑨바름 ⑩조아요 ⑪시러요 ⑫써러요 ⑬으막 ⑭노라요 ⑮모교일 ⑯이뤌 ⑰발바요 ⑱조럽 ⑲노리공원

3 激音化

単語の中に「ㅎ」がある場合で、次の2つのパターンに当てはまるときは発音が「激音化」という変化をします。

①前の文字のパッチムが「ㅎ」で、後ろの文字の子音が「ㄱ, ㄷ, ㅂ, ㅈ」のとき

→前の文字のパッチム「ㅎ」がなくなり、後ろの文字の子音が[ㅋ, ㅌ, ㅍ, ㅊ]の音になる

②前の文字のパッチムが「ㄱ, ㄷ, ㅂ, ㅈ」で、後ろの文字の子音が「ㅎ」のとき

→前の文字のパッチムが「ㄱ, ㄷ, ㅂ, ㅈ」が、後ろの文字の「ㅎ」に置き換わり、[ㅋ, ㅌ, ㅍ, ㅊ]の音になる

10-4

パッチム	次に来る文字の子音		パッチムが変わる	例
ㅎ （二重パッチムを含む）	ㄱ ㄷ ㅂ ㅈ	⇨	[ㅋ] [ㅌ] [ㅍ] [ㅊ]	좋다（良い）→[조타] 이렇게 →[이러케] （このように）
ㄱ ㄷ ㅂ ㅈ （二重パッチムを含む）	ㅎ	⇨	[ㅋ] [ㅌ] [ㅍ] [ㅊ]	독학（独学）→[도칵] 입학（入学）→[이팍]

work

次の単語を発音どおりに書いてみましょう。 10-5

①놓다（置く）［　　　　］

②많다（多い）［　　　　］

③막히다（詰まる）［　　　　］

④부딪히다（ぶつける）［　　　　］

⑤맞히다（当てる）［　　　　］

⑥급행（急行）［　　　　］

work答え ①노타 ②만타 ③마키다 ④부디치다 ⑤마치다 ⑥그팽

4 濃音化

前の文字のパッチムの代表音が「ㄱ, ㄷ, ㅂ」で、後ろの文字の子音が「ㄱ, ㄷ, ㅂ, ㅅ, ㅈ」のとき、後ろの文字の子音は［ㄲ, ㄸ, ㅃ, ㅆ, ㅉ］の音になります。これを「濃音化」と言います。

前の文字のパッチム	代表音	後ろの子音	後ろの子音の発音
ㄱ, ㅋ, ㄲ, ㄳ, ㄺ	［ㄱ］	ㄱ ㄷ ㅂ ㅅ ㅈ	［ㄲ］ ［ㄸ］ ［ㅃ］ ［ㅆ］ ［ㅉ］
ㄷ, ㅌ, ㅅ, ㅆ, ㅈ, ㅊ, ㅎ	［ㄷ］		
ㅂ, ㅍ, ㅄ, ㄿ, ㄼ	［ㅂ］		

 10-6

찾고（探して）　→［찬고］→［찬꼬］
없다（いない、ない）→［업다］→［업따］
답장（返事）　→［답짱］

work

次の単語を発音どおりに書いてみましょう。 10-7

①학교（学校）［　　　　］

②식당（食堂）［　　　　］

③옷장（クローゼット）［　　　　］

④국밥（クッパ）［　　　　］

work答え ①학꾜 ②식땅 ③옫짱 ④국빱

鼻音化

前の文字のパッチムの代表音が[ㄱ, ㄷ, ㅂ]で、後ろの文字の子音が「ㄴ, ㅁ」のとき、前の文字のパッチムが[ㅇ, ㄴ, ㅁ]の音になります。これを「鼻音化」と言います。

前の文字のパッチム	代表音	後ろの文字の子音	前の文字のパッチムの発音
ㅋ, ㄲ, ㄳ, ㄺ	[ㄱ]	ㄴ, ㅁ	[ㅇ]
ㅌ, ㅅ, ㅆ, ㅈ, ㅊ, ㅎ	[ㄷ]		[ㄴ]
ㅍ, ㅄ, ㄿ, ㄼ	[ㅂ]		[ㅁ]

 10-8

작년（昨年）→[장년]

입니다（〜です）→[임니다]

있는（〜ある）→[읻는]→[인는]

좋네요（良いですね）→[졷네요]→[존네요]

work

次の単語を発音どおりに書いてみましょう。 10-9

①작년（去年）［　　　　］

②재미있는（面白い～）［　　　　　　　　］

③없는（ない～・いない～）［　　　　］

④막내（末っ子）［　　　　］

⑤입만（口だけ）［　　　　］

⑥읽는（読む）［　　　　］

work答え　①장년　②재미인는　③엄는　④망내　⑤임만　⑥잉는

6 口蓋音化（こうがいおん）

パッチムが「ㄷ, ㅌ」の後に이, 히が続く場合、発音は[디][티]ではなく、[지][치]に変化します。これを「口蓋音化」と言います。

例 10-10

굳이（あえて） →[구지]
같이（一緒に） →[가치]
맏이（長子） →[마지]
갇히다（捕らえられる） →[가치다]

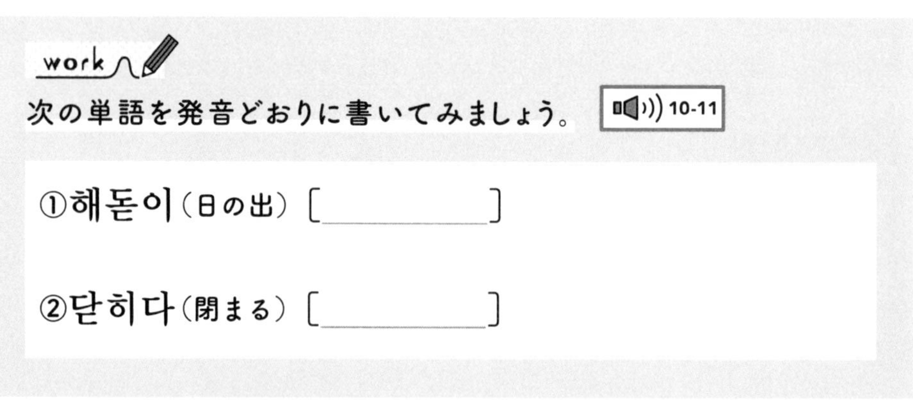

work

次の単語を発音どおりに書いてみましょう。 10-11

①해돋이（日の出）[　　　　]

②닫히다（閉まる）[　　　　]

work答え ①해도지 ②다치다

付録

初心者が韓国語の勉強をしながら疑問に思うことや、間違いやすい表現をまとめました。

네（はい）が데に、뭐（何）が붜に聞こえる理由

「ㄴ」と「ㅁ」は鼻から息が出る鼻音で、これらの子音は１文字目にくると鼻音性が弱まる特徴があります。そのため「ㄴ」は発音位置が同じ「ㄷ」に近い音になる現象が起こり、「네」が「데」に聞こえたりするのです。「만나다」（会う）が「만다다」に聞こえることはないのではないでしょうか？　「ㄴ」が２文字目に来ているため、鼻音声が弱まらないからです。

「네」と「데」と同様に「뭐」と「붜」は、それぞれ発音する際の舌の位置が同じです。そのため、「뭐」も「붜」に聞こえたりするのです。

「ㄴ」と「ㄷ」は両方とも舌の先を上の歯の後ろにつけて発音しますが、音を出す方法が違うため音が違います。

「ㅁ」と「ㅂ」も一度唇を閉じてから息を出しながら音を出すという発音方法は同じですが、「ㅁ」は鼻から息を出して発音するという点が違います。

「鼻から息を出すってどういうこと？」と思った方は、鼻をつまんだ状態で「네」と発音してみてください。すると、正確な「네」の音ではなく「데」に近い音に聞こえると思います。

同様に、鼻をつまんだ状態で「뭐」と言うと「붜」に近い音に聞こえるはずです。

そのため、韓国人でも風邪をひいて鼻がつまっているときは「ㄴ」と「ㅁ」が綺麗に発音できないことがあります。

「데」「붜」に聞こえるからと言って、意識して「デ」「ブォ」と発音すると正確に伝わらないので、「デ」「ブォ」と発音せず、きちんと「네」「뭐」と発音しましょう。それでしっかり伝わります。

「返事をする」は常に「답장하다」ではない

「返事をする」は、場合によって「**답장하다**」とも「**대답하다**」とも言います。

手紙やメール、メッセージなど文字で返事をするときは「**답장하다**」を、声で質問に答えるときは「**대답하다**」を使います。

例 11-1

이메일에 답장해 주세요.（メールに返事してください。）
질문에 대답해 주세요.（質問に答えてください。）

気になる！　使い分けは？

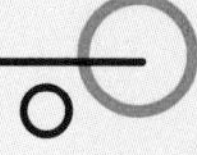

1. 가장 vs 제일

意味はどちらも「いちばん」ですが、「**제일**」（第一）は漢字語であるのに対し、「**가장**」は固有語です。

また、「**제일**」は名詞と副詞の両方で使えますが、「**가장**」は副詞でしか使えません。ネイティブの日常会話では、名詞でも副詞でも使える「**제일**」をよく使います。

例 11-2

副詞で使う場合

果物の中ではバナナがいちばん美味しいです。
과일 중에서는 바나나가 제일 맛있어요.（○）
과일 중에서는 바나나가 가장 맛있어요.（○）

名詞で使う場合

果物の中ではバナナがいちばんです。

과일 중에서는 바나나가 제일이에요.（○）

과일 중에서는 바나나가 가장이에요.（×）

2. 정말 vs 진짜

どちらも名詞の「本当」という意味の他、副詞の「本当に」という意味もあります。また「**진짜**」は「本物」という意味もあり、「**가짜**」（偽物）の反対語としても使われます。

例 11-3

これ、本当に可愛いです。

이거 진짜 귀여워요.（○）

이거 정말 귀여워요.（○）

冗談ではありません。本当です。

농담이 아니에요. 진짜예요.（○）

농담이 아니에요. 정말이에요.（○）

これって本物ですか？

이거 진짜예요?（○）

이거 정말이에요?（×）

3. 아니요 vs 아니에요

「**아니요**」と「**아니에요**」は、両方とも質問に対して否定するときに使います。発音も似ているので、使い分けがわからないという方が

多いのではないでしょうか。

この2つは、否定する対象によって使い方が変わります。

「**아니요**」は相手の言葉自体を否定するときに使います。基本的にどんな質問にも「いいえ、違います」として答えることができます。

一方「**아니에요**」は、「**이에요/예요**」(〜です)の否定形である「**이/가 아니에요**」(〜ではありません)から、助詞「**이/가**」が省略された形です。そのため、形容詞や動詞の質問に答えるときは使えず、相手の質問の中に否定する名詞が明確にわかるときのみ、「**아니에요**」で答えることができます。

「**아니에요**」は他にも、お礼を言われたときの「どういたしまして」としても使いますし、褒められたときに「いえいえ」のように謙遜の言葉としても使います。

例 11-4

①아니요

A：**어제 떡볶이 먹었어요?**（昨日トッポッキ食べましたか？）

B：**아니요, 순대 먹었어요.**（いいえ、スンデ食べました。）

※아니에요は不自然

②아니에요1

A：**한국 사람이에요?**（韓国人ですか？）

B：**아니에요, 일본 사람이에요.**（いいえ、日本人です。）

※ここの「**아니에요**」は「**한국 사람이 아니에요**(韓国人ではありません)」から「**한국 사람이**」が省略された形です。名詞を否定しているので、「**아니에요**」で答えることができます。
この場合は「**아니요**」で否定してもOKです！

아니에요2

A：도와줘서 고마워요.（手伝ってくれてありがとうございます。）

B：아니에요.（どういたしまして。）

※아니요は不自然

아니에요3

A：한국어 굉장히 잘하시네요.（韓国語がすごくお上手ですね。）

B：아니에요, 아직 멀었어요.（いえいえ、まだまだです。）

※아니요は不自然

4. 벌써 vs 이미 vs 이제

3つとも日本語では「もう」で表現しますが、これらには微妙な違いがあります。

벌써は「予想より早いとき」の‘もう’

이미は「すでに終わったことに対して」の‘もう’

이제は「今ちょうど、これから」の‘もう’

例 11-5

벌써 일어났어?

もう起きた？（→例えば、8時に起きると思ったのに6時に起きたとき）

이미 늦었어. 비행기는 출발했어.

もう（すでに）遅い。飛行機は出発したよ。

이제 과자 안 먹을래.

（これからは）もうお菓子食べない。

直訳すると不自然な表現

1.「薬を飲む」は「약을 마시다」ではない!

「飲む」は韓国語で「**마시다**」ですが、「薬を飲む」は「食べる」という意味の「**먹다**」を使って、「**약을 먹다**」と表現します。

この表現以外にも 液体や汁は必ず「**마시다**(飲む)」を使う日本語とは違って、韓国語では液体や汁を飲むことを表すときにも「**먹다**(食べる)」を使って表現することが可能です。ただし、「**먹다**(食べる)」の代わりに「**마시다**(飲む)」を使うことはできません。

例 11-6

牛乳を飲む。 → **우유를 마시다.**(○)
우유를 먹다.(○)
チキンを食べる。 → **치킨을 먹다.**(○)
치킨을 마시다.(×)

2.「ズボンを履く」は「바지를 신다」ではない!

「履く」は韓国語で「**신다**」ですが、下半身につけるものすべてに対して「履く」を使う日本語とは違って、韓国では靴や靴下、ストッキングなど足に関係するものは「**신다**(履く)」を、ズボンやスカートなど下半身に身につけるものに関しては「**입다**(着る)」を使います。

あいづち表現

下記の表のあいづちはネイティブがよく使うものばかりです。会話の中で積極的に使っていきましょう！

例 11-7

① 네	はい	⑪ 그래서요?	それで?
② 아니요(아뇨)	いいえ	⑫ 뭐라고요?	なんですって?
③ 맞아요	そうです	⑬ 진짜요?	本当ですか?
④ 그래요?	そうですか?	⑭ 왜요?	どうしてですか?
⑤ 그렇죠?(그죠?)	そうですよね?	⑮ 그게 무슨 말이에요?	それってどういうことですか?
⑥ 그럼요	もちろんです	⑯ 글쎄요	どうかしら、さあ
⑦ 그러네요	そうですね	⑰ 말도 안 돼	ありえない
⑧ 하긴	確かに	⑱ 설마	まさか
⑨ 제 말이요	その通りです	⑲ 그건 좀…	それはちょっと…
⑩ 다행이다	よかった	⑳ 좋겠다	いいな

おわりに

多くの方から、「韓国語の勉強を続けているけれど、実力が伸びていないようで不安です」という悩みを聞きます。

このようなお話を聞くたびに、私は自分が日本語の勉強をし始めたときのことを思い出します。

私自身も、「このままでいいのかな？ 自分の実力は伸びているのかな？」と、とても不安を感じていた時期があるからです。

特に、知らない単語や表現に出会ったときは不安がどんどん大きくなりました。

しかし、ポジティブに考えると、知らない単語や表現に出会う＝新しい単語や表現を自分のものにできるということです。

勉強し続けていくことで、知らないことよりも知っていることがどんどん多くなります。勉強をしながら感じる不安は、新しい知識を身につける機会だと思って嬉しく受け入れましょう。

大切なのは、不安に負けずにコツコツ続けることです。

勉強を続けた先にはきっと、新しい世界が広がるはずです。

言語を勉強している仲間として、皆さんの韓国語の勉強を応援します。

パク・ミソ（オヌルド韓国語）

著者紹介

パク・ミソ（オヌルド韓国語）

韓国生まれ、韓国育ち。ソウルにある梨花女子大学を卒業後、日本に留学することを決意し、2017年に日本へ。日本語を学んできた自らの経験を生かして韓国語を学びたい人の役に立ちたい、という思いが強まり、2020年にYouTubeチャンネルを開設。ネイティブが日常的に使う韓国語の表現で人気を集め、登録者数は17万人を超える。2021年に韓国語教員資格を取得し、現在はオンラインで韓国語講師をしている。新大久保にある韓国語学校で講師経験もある。「オヌルド」は韓国語で「今日も」という意味。著書に『基本表現166から関連表現1000をマスター 今日から使える韓国語フレーズ』（KADOKAWA）。

独学でしっかり身につく
1人でわかる！ 韓国語

〈検印省略〉

2024年 4 月 23 日 第 1 刷発行
2025年 1 月 23 日 第 2 刷発行

著　者――パク・ミソ（オヌルド韓国語）
発行者――田賀井 弘毅

発行所――株式会社あさ出版
〒171-0022 東京都豊島区南池袋 2-9-9 第一池袋ホワイトビル 6F
電　話 03 (3983) 3225 (販売)
03 (3983) 3227 (編集)
F A X 03 (3983) 3226
U R L http://www.asa21.com/
E-mail info@asa21.com
印刷・製本 萩原印刷（株）

note http://note.com/asapublishing/
facebook http://www.facebook.com/asapublishing
X https://x.com/asapublishing

ISBN978-4-86667-672-2 C0087